De asinha quebrada

Histórias sobre pessoas que cuidam de pessoas

Editora Appris Ltda.
1.ª Edição - Copyright© 2025 da autora
Direitos de Edição Reservados à Editora Appris Ltda.

Nenhuma parte desta obra poderá ser utilizada indevidamente, sem estar de acordo com a Lei nº 9.610/98. Se incorreções forem encontradas, serão de exclusiva responsabilidade de seus organizadores. Foi realizado o Depósito Legal na Fundação Biblioteca Nacional, de acordo com as Leis nºs 10.994, de 14/12/2004, e 12.192, de 14/01/2010.

Catalogação na Fonte
Elaborado por: Dayanne Leal Souza
Bibliotecária CRB 9/2162

S586a
2025

Silva, Fernanda Kruschewsky Pedreira da
 De asinha quebrada: histórias sobre pessoas que cuidam de pessoas / Fernanda Kruschewsky Pedreira da Silva. – 1. ed. – Curitiba: Appris, 2025.
 79 p. : il. ; 21 cm. – (Geral).

ISBN 978-65-250-7074-2

1. Sofrimento. 2. Compaixão. 3. Fé. 4. Diferenças. 5. Espiritualidade. 6. Desapego. I. Silva, Fernanda Kruschewsky Pedreira da. II. Título. III. Série.

CDD – 398.27

Appris editora

Editora e Livraria Appris Ltda.
Av. Manoel Ribas, 2265 – Mercês
Curitiba/PR – CEP: 80810-002
Tel. (41) 3156 - 4731
www.editoraappris.com.br

Printed in Brazil
Impresso no Brasil

Fernanda Kruschewsky Pedreira da Silva

De asinha quebrada

Histórias sobre pessoas que cuidam de pessoas

Curitiba, PR
2025

FICHA TÉCNICA

EDITORIAL	Augusto V. de A. Coelho
	Sara C. de Andrade Coelho
COMITÊ EDITORIAL	Marli Caetano
	Andréa Barbosa Gouveia (UFPR)
	Edmeire C. Pereira (UFPR)
	Iraneide da Silva (UFC)
	Jacques de Lima Ferreira (UP)
SUPERVISORA EDITORIAL	Renata C. Lopes
PRODUÇÃO EDITORIAL	Bruna Holmen
REVISÃO	Bruna Fernanda Martins
DIAGRAMAÇÃO	Amélia Lopes
CAPA	Lívia Costa
REVISÃO DE PROVA	Bruna Santos

Somos todos anjos com uma asa só.
E só podemos voar quando abraçados uns aos outros.

(Luciano de Crescenzo)

Dedico este livro...

A todas nós, gentes, que "voamos com asinhas quebradas". Voamos movidas pela fé, vontade de viver, impulsionadas por forças invisíveis, apoiadas umas às outras, mesmo com corações sofridos, nos nutrindo e transcendendo.

Dedico à Nana, minha heroína imaginária formada por muitas pessoas que atravessam longos caminhos no deserto, e às pessoas que cuidam dela com amor.

Agradecimentos

Agradeço à solidão, que me permitiu pensar para além de mim.

Apresentação

Eliana nasceu no ano de 1942, no sul da Bahia, época áurea da lavoura cacaueira. Tornou-se uma mulher vitoriosa, dona de seu mundo, até que, no auge da sua maturidade, acometida pelo Mal de Parkinson, é levada ao extremo das próprias forças, quando sofre outros duros golpes, a morte do seu amado marido e do filho querido. Muito frágil, ela passa a viver a decadência em vários aspectos, perde a autonomia, vê a família e os amigos se afastarem, só ficando ao seu lado as *estranhas* mulheres de mundos muito diferentes do dela, suas cuidadoras, com quem começa a criar uma relação de amizade e entrega. Nana, como é carinhosamente chamada, trava grandes batalhas com a própria essência, suas memórias e sua história. Decide ressurgir. As belezas das vidas que habitam esse romance se mostram também pelas dimensões espirituais presentes. *De asinha quebrada* apresenta sutis possibilidades que as provações humanas podem nos dar para criarmos novas e lindas versões nossas. No despojamento próprio, a alma fragilizada pode florescer mais bela e radiante.

Sumário

Clara 15

A chegada de Ana 24

A memoria nos salva 28

Direitos e deveres: dádivas e obrigações 39

Judite de Deus 41

Entrevista de admissão: quem escolhe? 42

Adriana de Nalva 44

A agulha e a linha: Agda e Jurimar
Dupla de cuidadoras imbatível 47

10/12/2019 - A Reunião 51

Herança em vida 60

2020 63

Clara

"Reunião da família, 10/12/2019, 18h". Diz o *post-it* preso no espelho. Clara olhou apreensiva para ele, pensando o quanto aquilo era desnecessário. Desde o momento em que recebeu o e-mail do contador, perdeu a paz. As reuniões em família eram desgastantes e nem um pouco produtivas. Na última, ela avançou em uma das suas irmãs com muita agressividade, quase chegando às vias de fato. Os rompantes de violência eram um traço de personalidade que todos possuíam. Exceto seu irmão, Tiago. Mas ele não estava mais neste mundo. Só de lembrar dele seu coração se aperta de saudades e ela sente fome.

Foi andando para a cozinha pensando que estava anunciado outro encontro maldito que se podia prever como mais uma oportunidade para brigas e ofensas. Ninguém mais queria estar perto um do outro, não havia mais família. Nem para a foto do Natal, almoços de domingo ou celebrações de aniversários. Já estava claro que reunir todos com um pingo de fraternidade era impossível.

Os acontecimentos dos últimos dez anos evidenciaram a fragilidade e superficialidade dos laços formados sempre num contexto de bonança, mas que aos primeiros sinais de dificuldades começaram a se romper. Nunca tinham sido submetidos a tantos estresses. Viviam num cenário de alegria, fartura, despreocupados com o dia seguinte. Hoje é possível perceber que viveram uma doce ilusão. Aquela família unida e harmoniosa se sustentava apenas na certeza de terem uma vida perfeita, sem aborrecimentos, o que durou até que os grandes infortúnios chegassem.

Primeiro com o diagnóstico da doença da mãe e, na sequência, sem nenhum respiro, as mortes de seu pai e seu irmão. De um só golpe, se instalaram a tristeza e a saudade imensas, a desconstrução do mundo que acreditavam ter controle, mais ainda, serem merecedores. Acrescentou-se a essa grande provação a drástica mudança do padrão financeiro com perda de propriedades e endividamento.

O temperamento forte de sua Nana, sua impetuosa mãe Eliana, e a maneira como cada filho reagiu aos acontecimentos também contribuíram para aquele desarranjo. Na família, houve quem culpasse a própria Eliana pela morte dos dois. Muitos tios e primos se afastaram, *lavaram as mãos*. A necessidade de tomadas de decisões coletivas importantes sobre os tratamentos médicos e as despesas crescentes com os cuidados de saúde da sua mãe exigiam aqueles encontros que eram uma tortura aos egos mimados dos seus filhos.

Clara estava pensando nos elos que ligam uma família. Seu pai e seu irmão eram o ponto de união? Memórias de 15 anos atrás, com todos reunidos ao redor da mesa, ouvindo seu pai contar tão orgulhoso suas histórias de pescador e a lida nas fazendas ou as histórias do tribunal, das nobres audiências conduzidas por Tiago, com tanta sabedoria, numa sede enorme de fazer justiça e proteger a verdade. Aquelas conversas ainda ecoavam em sua cabeça. Aquela família era encantada.

Seu sono foi embora. Desperta, no meio da noite, no silêncio da casa, acariciava sua barriga, gravidez tão sonhada. Pena que seu bebê não conheceria seus amados. Haveria alguma família para seu filho crescer? Tentou desviar-se desses pensamentos, percebendo os tremores nas mãos e seus olhos enchendo de lágrimas. Ela estava na casa de sua mãe, cobrindo a falta da cuidadora da noite. A sua relação com Nana era de muita proximidade e cumplicidade. Com a fragilidade da idade e avanço da doença, Dona Nana pedia sempre por sua presença. Clara largava tudo para atendê-la, mesmo exausta.

Abriu a geladeira, pegou todas as sobras do almoço, aqueceu no micro-ondas e comeu. Comeu até ficar com a já conhecida sensação de empachamento, de quem engole comida demais, para preencher o enorme buraco sem fundo que suga a alegria de viver. Olhou para os seus dedos inchados, pensou que devia tirar a aliança, não fazia sentido deixá-la ali. Seu casamento foi um desastre. Ela sabia que precisava colocar um fim. Tinha que adiar isso. Tudo já estava cinza demais, não dava para colocar mais peso nos seus ombros.

Subitamente foi trazida dos seus devaneios de volta para a cozinha, por um grito de sua mãe. Levantou-se da mesa rapidamente, saiu da cozinha quase correndo, chegou ao quarto da mãe. Coração aos pulos, olhos arregalados, se deparou com a mãe caída no chão e chorando. Seus outros sentidos foram captando as outras informações. O cheiro de urina, o chão molhado e frio, sua mãe totalmente entregue, derrotada.

Sua barriga imensa não a impediu de se abaixar e ficar ao lado da mãe, tentando acalmá-la, tentando entender o que tinha acontecido e se ela estava machucada. Dona Nana chorava confusa, pedindo ajuda e ao mesmo tempo querendo se desculpar por ter tentado se levantar sozinha para ir ao banheiro. Não queria incomodar sua filha na madrugada. Repetia com a voz entrecortada: *tenha cuidado com sua barriga*, e outras frases cheias de lamento.

Era preciso tirá-la do chão. Duas mulheres incrivelmente fortes e inteligentes, totalmente vulneráveis, caídas, chorando, tentando se reorganizar, se reerguer. Clara não sabia o que fazer, era muito pesado para ela. Começou a rezar num sussurro, *minha Nossa Senhora, meu Deus do céu, me ajude...* Sentiu um sopro de paz envolvê-la em um abraço, o tempo pareceu parar. Seus olhos se encontraram, os rostos molhados, e Clara afirmou: *mãe*, nós vamos nos levantar, calma.

Começaram a dar um revés naquela situação tão triste. Não se pode explicar como levantaram. Uma gestante com quase oito meses, com uma barriga enorme, e sua mãe que tremia e já não coordenava seus movimentos. Ora paralisada, totalmente congelada, ora sem forças, cambaleante. Levantaram-se. Dona Nana, em pé, um pouco trêmula, olhou para Clara dizendo *me desculpe, minha filha*, e quis voltar a chorar, mas Clara disse-lhe com firmeza: não chore!

Foram devagarinho até o banheiro. Clara colocou sua mãe, tão frágil, sentada na cadeira de banho. Respiraram e deram as mãos. Dona Nana tinha o hábito de beijar as mãos das pessoas e recitar fados para expressar sua gratidão. Clara esboçou um sorriso, olhou cheia de amor e compaixão para sua mãe, enquanto começava a lhe preparar para o banho. Foi tirando a camisola, abrindo o chuveiro, temperando a água, colocando o sabonete líquido na esponja e fazendo espalhar leve perfume no ar, cremosa espuma nos ombros de sua mãe. *Está tudo bem, minha Formosa. Estamos juntas, graças a Deus você não se machucou.*

De banho tomado, serena, cheirosa e aliviada, esperou sentadinha Clara trocar os lençóis. Roupa de cama limpa, sentiu as mãos doces de sua filha arrumando a coberta macia daquele jeito especial, que só ela sabia fazer, apertando seus pés num charutinho confortável, para a mãe não sentir frio. Clara brincou: *Agora vá dormir, meu Jaburu. Te amo.* Os olhos esbranquiçados de sua mãe ficaram iluminados. Já saindo do quarto, Clara ouviu: *E eu te amo infinito e além, de ida e de volta.* Sorriram uma para outra. A paz se instalou.

Profissão cuidadora

O dia só estava começando e já era grande a quantidade de pessoas no ponto de ônibus do final de linha da Mata Escura*, bairro distante do centro de Salvador. Ana reconheceu os rostos de sempre. Ela reparou que a irmã da igreja estava emagrecendo muito, continuava uma mulher bonita, mas estava ficando muito magra, com a *cara murcha*. Continuou observando, agora os filhos da "irmã", um em cada mão, crianças sem vida, pareciam desligados do mundo, idades próximas, um ficaria na escola municipal e o outro na creche, anexo da escola. Curiosa, Ana se aproximou como quem não quer nada e puxou conversa.

— A paz do Senhor, irmã Creuza.

— A paz do Senhor, Ana.

— O culto de ontem foi tremendo, não foi?

— Foi sim. Quando a nossa pastora tem a permissão da palavra, é de arrepiar.

— E seus meninos? A merenda da escola ainda está suspensa?

— Ainda! Só estão dando suco e bolacha para as crianças.

— Menina... O ano todo foi isso?! Como esses meninos podem aprender desse jeito?

— Hoje eu fiz cuscuz com ovo para eles levarem. Não dá pra eles passarem a manhã toda assim.

— Não dá mesmo! Creuza, o que está acontecendo com as escolas?

— Pois é, irmã, mas ano que vem vai melhorar. É ano de eleição.

— Muito triste isso! — Ana abaixa a cabeça pensativa, e continua a falar — A gente luta tanto... Nosso dia a dia não tem descanso, pelo menos a merenda das escolas deveria ser boa. Como têm coragem de deixar as crianças a manhã inteira sem comer? Não é toda criança que pode levar lanche...

— Pior é a volta para casa. Minha mãe só consegue pegar eles na escola depois do meio-dia. Eles só chegam em casa perto das duas da tarde.

— Misericórdia, Creuza!

— Irmã, quando eles não lancham, chegam agitados, acabando com tudo. Deus me livre estar na pele das professoras. Um monte de menino desgovernado, com fome... Deus é mais! Um menino já é danado, um monte deles, e com fome... Não tem quem aguente.

As duas sorriram, meio que para aliviar os pesares. O ônibus chegou, elas entraram, sentaram e colocaram as crianças no colo. Logo, todos os lugares estavam ocupados e, com pouca demora, tinha muita gente em pé. Fazia um calor insuportável, próprio do dezembro baiano. Frio e neve só nas decorações de Natal dos Shoppings. Creuza perguntou para Ana:

— Aonde você vai tão cedo?

— Hoje é meu primeiro dia como cuidadora. Terminei o curso e a agência conseguiu uma vaga para mim. Vou cuidar de uma senhora no Corredor da Vitória. Imagine... Sair da Mata Escura para o Corredor da Vitória. Nunca estive lá, mas soube que é um lugar muito chique — Ana soltou sua risada, alguns passageiros olharam para elas.

— Oh, irmã Ana, Deus te abençoou, você conseguiu terminar seu curso. Foi uma luta, não foi? Todo dia saindo cedo para o outro lado da cidade, esse metrô que nunca fica pronto, mas Deus é grande! Que esse trabalho seja... — Creuza parou de falar no modo automático da igreja, ficou mais séria e também serena, depois de uns instantes continuou

— Irmã, Deus tem um propósito na sua vida com esta família. Você será usada por Ele.

As duas terminaram a viagem em silêncio. Creuza e as crianças desceram primeiro no ponto da escola. Não foi a primeira vez que Ana recebeu profecias, mesmo assim, ficou pensativa. O que viria para sua vida? O Senhor costumava lhe confiar tarefas bem difíceis. O que ela não sabia era que naquela missão ela também seria profundamente transformada.

Quase meia hora depois dessa conversa, Ana entrava no prédio "chique" de seu novo emprego. Apresentou seus documentos e precisou que um dos porteiros, Seu João, um homem gentil de meia idade, a levasse até o elevador. Ele parecia acostumado a ver as novas funcionárias perdidas no suntuoso *hall* do prédio, ele foi orientando os seus caminhos e lhe deu até as instruções sobre os botões do elevador que ela deveria apertar, também para sua saída, ao final do expediente. Era realmente um prédio luxuoso, com uma área enorme, onde ela poderia se perder.

Ana só conseguia pensar no quanto precisava daquele emprego. Bastava que a nova patroa a aceitasse. Em alguns instantes, Nenzinha abriria a porta do apartamento e do coração para ela entrar.

Sobre Nenzinha,

Uma montanha de roupas limpas em cima da cama deixa um cheiro bom de lavanda no quarto desocupado perto da suíte onde Nana dorme. Luciene, dona de tantos apelidos, Nenzinha, Nem, Lu, está atenta a qualquer chamado de sua patroa querida e segue trabalhando sobre a tábua de passar, silenciosa e melancólica, deslizando o ferro quente sobre as roupas. Asperge a mistura perfumada nas peças, dobrando e empilhando-as delicadamente. Eu, translúcido, imaterial, sei que ela está com toda

21

delicadeza, tentando "desamassar" traumas difíceis de curar. Sintonizo com as histórias que estão em sua alma. Tento não interferir em seus pensamentos. Tento apenas observar, mas é muito difícil. Não estou doutrinado, e essas possibilidades que vieram com minha nova forma de existir ainda são muito estranhas para mim. Fico cheio de amor e meu corpo, se é que posso chamar esse feixe de luz de corpo, se expande, preenche todo o ambiente. Sinto vontade de envolvê-la num abraço aconchegante. Não sei se posso fazer isso; antes de pensar, já estou fazendo. Por isso, ela não chora. Será que algum dia ela vai se libertar da dor de ter sido maltratada pelas pessoas que mais deveriam protegê-la?

Vou compreendendo que estou no lugar do seu anjo da guarda, que me observa. Por que ele me permite esse acesso? Ou é ela quem permite? Sinto tanta bondade vindo desse ser, sim, parece ter asas. Me emociono e não reajo bem ao que começo a ver e sentir, nas lembranças de Luciene. Ela é tão menina! Como podem seus pais serem tão ruins? O pai grita com ela e com a sua irmãzinha, não entendo o que ele diz, mas é carregado de muito ódio. Elas correm para o meio da plantação, se abraçam trêmulas. Encontram uma pilha de mandioca, cada uma pega um cutelo, e começam a descascar as raízes. É uma pilha maior do que as roupas na cama. Ou elas são muito pequenas? Vão enchendo os cestos por horas, leva toda a manhã, quando recomeçam os gritos do pai. Ele vem se aproximando tirando o cinto, completamente transtornado, dobra o cinto nas mãos, desfere contra as duas crianças que correm apavoradas pela roça, pés descalços, corações disparados, perdidas e confusas. Vejo naquelas memórias o mesmo ser alado que penso ser o anjo da guarda de Lu, atravessar como um raio o corpo de seu pai e ele cai inconsciente. Só assim não as alcança. Uma outra criatura alada, mas sombria, se aproxima. Seria o guardião daquele homem? Os dois seres ficam frente a frente, faiscando como partículas que se repelem, até desaparecerem da minha visão. As duas irmãs voltam e passam correndo pelo corpo caído no chão.

Essa experiência me apresenta novas dimensões de existência com suas batalhas e modos de existir, mas que parecem se conectarem. São muitas revelações se mostrando sobre tempo e espaços. Muitas verdades que parecem eternas, eu que não tinha olhos para ver. O que mais vou descobrir? No quarto, Lu continua engomando as roupas, pensando nas muitas casas que foi morar. Sentia saudade da irmã. Por onde sua pequena estava? Como pôde sua mãe entregá-las a estranhos? Ela só sabia que precisava fazer o que lhes pedissem nas casas onde morou, para poder comer e dormir. Por que lutou para sobreviver?

Eu, Tiago, experimentei um sentimento que não conhecia. Sempre fui amado, sempre tive tudo. Estou sentindo uma dor cortante, gelada, inominável. Abandono? Acho que vou chorar, mas asas tranquilas envolvem a Nenzinha e a mim. Somos um só.

O interfone toca, ela desliga o ferro de passar roupas e vai atender.

A chegada de Ana

Ana estava com o coração acelerado, boca seca, um nervosismo diferente. Deve ter sido por causa da revelação do Senhor. Tocou a campainha do apartamento, quase que imediatamente abriram a porta. Era Luciene. Uma doçura de ser humano que já trabalhava para a família como empregada doméstica há anos e tinha sido ali que finalmente se sentiu acolhida com ternura, dignidade e respeito. Essa mulher que devia ter sua idade se tornaria uma grande amiga. Seria sua primeira grande amiga branca. Gordinha como ela, olhos vivos, azeitonados, com sotaque de sertaneja, lhe cumprimentou falando baixinho, para não fazer barulho. Ela vestia uma farda comum de doméstica, camisa estampada florida, em tons azuis e verdes, usava uma bermuda verde, cabelos alisados presos e sandálias nos pés. Se cumprimentaram. Lu abriu espaço para ela entrar.

Ana ficou impactada, entrou pensando: *Que sala enorme! Não é só grande, é iluminada, tem uma vibração diferente. A vista para o mar... as águas parecem um tapete dourado pelo sol. A imensidão da baía de Todos os Santos aos meus pés. É a primeira vez que vejo uma paisagem tão linda.* Sentiu vontade de tirar os sapatos antes de entrar. O lugar lhe pareceu um templo. *Sem dúvida, um lugar especial. Um lugar bom.* Foi conduzida até as dependências domésticas para guardar seus pertences e trocar de roupa. Quando terminou de se trocar, procurou Luciene, que estava na cozinha. A mesma cozinha que Clara estava há poucas horas, perdida em pensamentos. Ali era o melhor lugar da casa, onde o senhor Antônio e Nana se reuniam com a família para almoçar. As duas iniciaram suas apresentações numa conversa descontraída.

Perto das 10 horas, Clara acordou. Chamou por Luciene e falou sobre a madrugada difícil que teve com sua mãe. Francamente solidária, Lu lamentou e saiu do quarto. Instantes depois, retornou com uma bandeja de café da manhã. Pousou o desjejum na mesinha ao lado da cama dizendo para Clara:

— Oh, minha fia, se alimente. Sua noite não foi fácil. — Clara esboça um sorriso, agradece e pergunta se a nova cuidadora havia chegado — Chegou sim, minha fia. Gostei da cara dela. Quer que eu peça para ela vir aqui?

— Não precisa, eu já vou levantar. — Suspira e completa — Acho que minha mãe vai dormir até mais tarde. Fique atenta, para ela não se levantar sozinha.

— Pode deixar! Vamos abrir as cortinas? O dia está lindo!

— Não abra não. Vou ficar com dor de cabeça se abrir, a luz do sol me incomoda.

— Está bem. Se precisar de mim... — Saiu para ver como Dona Nana estava.

Enquanto aguardava na cozinha, a curiosa Ana começou a mexer em tudo. Abriu as gavetas, os armários, olhou a despensa, ficou encantada com a quantidade de alimentos. Notou uma arrumação diferente em

25

uma das divisões, eram como pastas de dentes coloridas enfileiradas, um recipiente com muitos pincéis, outro com lápis de cores variadas e uns blocos com desenhos. Começou a folhear um deles, e admirou as pinturas de pássaros, peixes e flores coloridas. Observou algumas páginas com nomes de pessoas que formavam frases a partir das letras. As frases compunham delicados textos, cheios de sentimentos. Ana começou a ler, página por página. Parou em uma cheia de borboletas pintadas em tons pastéis, escrito:

Tranquila brisa, leve perfume
Invadem a minha alma e me resgatam das trevas da saudade,
Anjo da minha vida, quando penso em você.
Gratidão por ter sido sua mãe, me preenche inteira!
Obrigada Deus, por ter me dado seu filho para ninar, agora ele dorme em paz.

Clara chegou nesse momento, ficou possessa com a cena. Achou que estava ocorrendo um furto. Inquiriu áspera: *O que você está fazendo?!*

Ana virou-se segurando o bloco dos desenhos, aberto na página do acróstico de Tiago. Clara deu um passo para trás. Viu sensibilidade na expressão da nova cuidadora pelo que ela tinha lido e visto naquelas folhas cheias de saudade, onde Nana chorava por meio das suas pinturas e tentava se reconstruir escrevendo sobre os nomes dos seus amados o retrato da família que tanto idealizou. Aquela fisionomia genuína de sensibilidade e compaixão era tudo o que Clara esperava que as pessoas contratadas para cuidarem de sua Formosa tivessem. Era o requisito indispensável. Ali estava um ser humano capaz de amar outro ser humano, alguém que iria além das obrigações. Isso não aparece nos currículos, nem se aprende em cursos. É vocação! Clara ajeitou a situação desconfortável, falando:

— Você deve ser Ana, a nova cuidadora que a agência mandou.

— Sim, sou eu. — Respondeu, se recompondo.

— Vejo que já está arrumada. Já tomou café?

— Senhora, me desculpe por estar mexendo nesses cadernos, eu... — Foi interrompida por Clara, que disse com franqueza:

— Está desculpada! Me desculpe também pela forma como eu falei com você. É que a última cuidadora foi uma grande decepção.

Foram saindo da despensa, Clara continuou:

— Você já tomou café? Minha mãe faz questão que, ao chegar, cada uma de vocês se alimente. Sempre vai ter pão, bolo ou cuscuz com café.

— Já tomei café, obrigada.

— Então, sente um pouco para conversarmos.

As duas se sentaram na cozinha, Clara abriu o caderno com as anotações básicas dos horários dos remédios e informações sobre os cuidados para colocação da máscara para apneia do sono (CPAP), posição para dar as refeições, como evitar e contornar engasgos, os cuidados para levantar Nana e muitas outras informações. Seria uma longa conversa.

A memória nos salva

Luciene, cozinheira e amiga, estava entrando no quarto de Nana, reparou que mais uma vez ela estava entre dormindo e acordada. Só podiam ser os efeitos de tantos remédios. Seus olhos piscam frenéticos entreabertos e o rosto mostra a marca do elástico do respirador. Ela balbucia sua agonia. Isso corta o coração de Lu, que escuta dela: *Tenho que abrir os olhos? Deus, tenho mesmo que abrir os olhos?* Enquanto fala essas coisas, Nana começa a ver o rosto doce do seu filho amado sorrindo, estendendo-lhe suas mãos, escuta um cantarolar: *"Acorda Maria Bonita, acorda pra fazer o café..."* Pensou estar entre o mundo real e o espiritual. Pensou, lá vem *Lu* cantando para me animar.

Me esforço para dar bom dia, solto um gemido de dor. Meu corpo todo dói. Lembro da queda durante a madrugada, sinto a tristeza me envolver. Penso no rosto real da minha Clara, desesperada ao me ver caída no chão. Deus... por que isso? Já me tiraste tanto... Está me tirando a vida aos poucos? O que eu fiz? Fico por uns instantes sentindo pena de mim mesma, até fixar os olhos no crucifixo em cima da mesa dos santos. Penso em Jesus, no Cordeiro bom, manso, no filho unigênito de Deus, que veio para nos salvar. Me lembro de uma tarde há mais de 30 anos, a felicidade nos rostos dos meus filhos, quase sinto a mão forte e pesada de Antônio, segurando as minhas mãos. Vejo os detalhes da varanda da nossa fazenda mais querida, onde todos ficávamos reunidos ao entardecer, assistindo os tropeiros tocarem o gado.

Eram 3 ou 4 tropeiros com chapéus de couro, montados em mulas altas, bem cuidadas, paramentadas com peitoral, eles juntavam os animais para Antônio vistoriar. Que paisagem perfeita, que sensação de merecimento poderosa nos invadia. Os pastos rodeavam a colina da casa grande, de um lado um grande curral e a casa da tropa, do outro lado a vila dos trabalhadores, cerca de 15 casinhas coladas uma na outra, com uma porta e uma janela na frente de cada uma. Ao centro da paisagem, aos pés da colina, ficava a pequena represa com flamboyants alinhados ao seu redor.

A Bonança, nome dessa grande propriedade, tinha mais de 330 mil pés de cacau. Antônio sempre repetia orgulhoso: *O avô de Nana deixou meio caminho andado para o pai dela, e o velho Ubaldo dobrou a produção. Eu quero deixar um milhão de pés produzindo, para vocês, só aqui na Bonança.* Ele sorria. Aquele sorriso lindo e confiante do meu invencível e poderoso amor, mas que em seus últimos anos de vida foi desaparecendo enquanto ele perdia a luta contra a maldição da praga que castigou o sul da Bahia, aniquilando a vida que o cacau sustentava.

Enquanto vou acordando pelo chamado de Luciene, sei que estou viajando mais uma vez nas minhas memórias, não é alucinação. Sinto a fralda cheia de xixi, os lençóis frios e úmidos, me deixo voltar para as lembranças que me distraem das dores da minha alma e do meu corpo, sintonizo em uma tarde do passado, naquela varanda fresca e acolhedora, no momento do oferecimento das preces das seis horas, quando meu filho tão querido, em plena rebeldia da juventude inquieta dos universitários de Direito da UFBA, interrompe a Ave Maria, questionando a existência da justiça de Deus. Era o que eu estava fazendo, angustiada com minha situação, até me encontrar com o crucifixo pendurado e me religar com toda força às verdades que compõem a fé que eu vivo. Lá atrás, naquela varanda da Bonança, quem deu um surpreendente testemunho de fé foi Antônio. Ele se deixou iluminar pelas luzes do Espírito Santo, sua voz grossa e seu olhar feroz ficaram diferentes, enquanto ele falava. Todos juntos sublimamos. Vou recordando o que ele disse:

"Tiago, meu filho, já contei algumas histórias da minha infância, quando Itabuna parecia uma vila à beira do rio. Todos vocês sabem que fui muito pobre, vivi uma vida muito difícil. Eu podia achar que a vida era injusta, afinal, nós não tínhamos as coisas que queríamos. Na verdade, nós não tínhamos nada... O engraçado era que nada nos faltava. Sempre tivemos o que precisamos. Na hora certa, a providência chegava com o nome de Deus assinado nela. Eu vou contar o que sei sobre a justiça de Deus. (Respirou como quem toma fôlego para mergulhar fundo, e continuou) Eu tinha a sua idade e minha mãe vivia doente. Parecia uma siriema de tão magra. Antes dela morrer, eu comecei a cuidar de tudo, dela, dos meus irmãos e das coisas da casa, de tudo. Pra piorar, nessa fase começou uma crise horrível na região. Meu pai, que Deus o tenha, achava que era um artista. Vivia com a cabeça em outro lugar. Ele fazia umas esculturas, uns arabescos de flores, águias e leões para serem colocadas no alto das casas. Mas, na crise, ninguém procurava os serviços dele. Ele não queria trabalhar como pedreiro, e era um bom pedreiro. Era um homem muito orgulhoso e confuso, ele alimentou no coração a fé que Deus tinha esquecido dele e que a vida dele era uma maldição, que outros conseguiam o que queriam, menos ele. Eu falo pouco dele, não é? (Tiago assentiu, com todo foco naquela história) Mas eu o amava muito. Ele também tocava clarinete, escrevia músicas. Ficava horas em seus papéis escrevendo com todas aquelas letras diferentes as partituras das músicas que vinham em sua cabeça. Quando anoitecia ele ia para as serestas, para a vida boêmia. Mamãe ia atrás dele. Eu ouvia ela sair de casa antes do sol raiar. Ouvia ele chegar com voz de bêbado e chorar até dormir. Ouvia ele amaldiçoar a Deus, ter pena dele mesmo, começar a recitar os tristes poemas de Augusto dos Anjos, com a voz embolada... Eu colocava meu travesseiro em cima da minha cabeça para não ouvir, até que minha mãe conseguia que ele dormisse. Em seguida, ouvia os passos dela se aproximando do nosso quarto, ela se sentava na beira da minha cama, com toda ternura levantava meu travesseiro, só um pouco, o suficiente para nos olharmos. Aquela mulher, que nunca aprendeu a escrever nem o próprio nome, sabia como me resgatar. Ela me pedia qualquer coisa importante: *Antônio, vá pescar nosso almoço*. Ela tinha certeza que eu traria peixe pra casa. Eu me esforçava para ela, aquela mulher linda, em seus olhinhos apertados só cabia amor.

Ela passava a mão em meus cabelos, enxugava minhas lágrimas e me dizia para não dar importância para aquilo. *Seu pai tem um coração triste, mas é um bom homem. Vá, filho!* E eu pulava da cama, confiante, me sentindo... Sei lá... poderoso. Eu iria trazer comida para minha família. Pegava um punhado de farinha, molhava no dendê, fazia um bolinho, juntava a fieira e ia direto para o rio Cachoeira, para as locas que eu já sabia que tinha peixe. Colocava na água uns farelinhos do bolinho, esperava o peixe sair para comer a isca, pescava eles. Deixava lá, um ou dois peixes, para a próxima vez, que sempre vinha.

As lavadeiras chegavam com suas trouxas de roupas e animação, a alegria da força do trabalho! Elas cantavam enquanto lavavam as roupas. Eu aproveitava aquela beleza toda. Ao contrário do meu pai, aprendi a abrir o meu coração para a felicidade que estava ali, disponível para mim, para qualquer um. É o que eu comecei a aprender sobre a justiça de Deus. Mergulhei naquela maravilha de rio milhões de vezes e todas as vezes, suas águas saravam minhas tristezas. Nunca me senti injustiçado e esquecido por Deus. Ele fez o rio, essas belezas todas, para a gente suportar as muitas dificuldades que sempre estiveram presentes. (Antônio parou de falar por alguns instantes, todos sabiam que ele não tinha terminado. Veio a parte mais bonita da sua história.)

Na manhã, antes de morrer, minha mãe se levantou da cama, foi até a cozinha, colocou água para fazer o café, pães para torrar e ligou o nosso pequeno rádio. A voz conhecida do locutor saudava a todos, passava as notícias, contava dos mortos, dos nascimentos, dos casamentos e oportunidades de serviços. Ela aumentou um pouco o volume e pude ouvir com clareza que a fábrica de polpas estava comprando cajás. Pensei, o balde da fruta está valendo um bom dinheiro. Levantei da cama e fui até a cozinha. Encostei minha cabeça em seu ombro, fui envolvido pelos seus braços magros, me aconcheguei nela. Recebi seus afagos. De repente, ela puxou a cadeira e se sentou, exausta, puxando o ar, controlando o desespero por não conseguir respirar. Seus olhos estavam assustados, urgentes, quando ela me disse para pegar meus irmãos e os sacos de linhagem para catar cajá (?!). Eu não queria ir. Relutei em obedecer. Ela falou imperativa: faça o que estou mandando. Vá agora, Antônio! E fomos. Passamos horas catando cajás pelas roças das redondezas. Ninguém queria aquele serviço, que parecia ser feito para crianças ou duendes. Pegar uma por uma, aquela pequena fruta alaranjada, que caía da árvore, era muito cansativo para os adultos, precisam ficar abaixados o tempo todo. Eu nunca vi tanto cajá. Tinha chovido na noite anterior, estava tudo fresco, úmido, cheio das frutas e logo nós enchemos os sacos de linhagem, levamos para a fábrica, recebemos o pagamento e voltamos para catar mais uma leva. Depois, descontraídos e satisfeitos, tomamos o caminho de casa.

    Ao virar a esquina da nossa rua, notei uma movimentação diferente em nossa porta. Meu pai nos avistou e veio ao nosso encontro. Ele estava sóbrio. Nos abraçou e disse que não podíamos entrar. Entendemos o que estava acontecendo. Lila começou a chorar, ela só tinha cinco anos. Abracei minha irmãzinha e nos sentamos no passeio.

    Um homem com uma fisionomia indiferente começou a falar sobre dinheiro com meu pai. Ele estava negociando o caixão para colocar minha mãe, a cova onde ela seria enterrada, dizia que o valor que meu pai havia dado era insuficiente. Meu pai estava humilhado. Levantei sem chamar atenção, tirei do bolso todo dinheiro da venda dos cajás e coloquei nas mãos de meu pai. Ele me olhou atônito, viu o quanto eu precisava que ele fosse o homem da casa, pelo menos naquele dia, para enterrar minha mãe com dignidade. Ele chorou. Entregou tudo para o sujeito.

As vizinhas que estavam preparando minha mãe vieram até nós para dizer que podíamos entrar para vê-la. Entramos silenciosos, só Lila chorava. A casa cheirava a incenso, tudo estava arrumado como a morte pede. Chegamos perto do caixão, vimos como ela estava linda e serena. Colocaram nela seu vestido mais bonito, um amarelo, dela ir à missa. Minha mãe estava penteada com flores pequenas nos cabelos, parecia estar dormindo e em suas mãos pousava a imagem da sua Santa Terezinha. Todos pranteamos a dor da saudade. Mas ela estava sem sofrer, sem tossir, sem sufocar, descansando em paz. Ela foi uma boa mãe. (A voz de Antônio tremeu de saudade) Entendeu, Tiago? (Todos na varanda estavam emocionados. Tiago respondeu afirmativamente) Deus é justo e bom o tempo todo. Enterramos minha mãe por volta das três horas da tarde, sua cova ficou embaixo de um flamboyant vermelho, o único lugar que fazia sombra. Meu pai tocou com seu clarinete as músicas boêmias que ela gostava, as músicas secretas daquele amor. Se pôs de joelhos, exausto pela emoção e tristeza, ali mesmo, jurou que cuidaria de todos nós. Ele nunca mais bebeu, acabaram as noitadas e ele começou a pegar todo tipo de serviço de pedreiro. Nos deu o melhor que pôde. Deus é justo. Sua justiça é perfeita. Imperfeitos somos nós, injustos somos nós."

Enquanto eu me deleitava nessas lembranças, fui sacudida por Luciene me pedindo para acordar: *Dona Nana, Dona Nanã, a senhora precisa acordar, está na hora dos remédios, vamos levantar, vamos?* Acionou o comando da minha cama hospitalar, que fez a cabeceira ir levantando. Acordando, embalada naquelas lembranças e pelas palavras sinceras, pela fé pujante de meu marido, eu estava pronta. Ao menos hoje, eu estou pronta para segurar as rédeas da minha vida, como montava em meu cavalo e corria pelos pastos da fazenda. Tenho muito a fazer pelos meus filhos. Sei que ainda posso fazer a diferença na vida de cada um deles. Mais renovada, falei para minha fiel cuidadora que almoçaria na sala. Ela não escondeu sua feliz surpresa e começou com os cuidados necessários.

Minha história de vida se tornou meu refúgio. Estar plenamente lúcida, mas presa em um corpo que não me obedece mais, me faz visitar o passado, para suportar esse presente que se arrasta. Mesmo nos fragmentos tristes, me abasteço na vida vivida. Há beleza e força! Essa minha vida me empodera. Se já passei por tanto, posso viver mais um dia.

A noite silenciosa é mais difícil, é quando viajo para estações da minha jornada e sonhos... Adoro sintonizar em minha meninice, sem nenhum tipo de preocupação, passando entre jardins, procissões e brincadeiras, logo me vejo mocinha, encantada por Antônio, depois entrando vestida de noiva na igreja, tão cheia de felicidade, olhando para aquele homem lindo e sentindo ele me olhar com tanto amor. Minhas amigas sempre diziam: *Ele nem é tão lindo assim, Nana, você que está apaixonada.*

O tempo foi um mestre que fez nosso amor amadurecer. Nos conectamos profundamente, ele me levou a experiências intensas, me dizendo *Confie em mim, se entregue para mim, nunca vou te machucar, vou sempre te proteger.* Me permiti ser amada ao luar, na beira do mar e na cozinha cedinho, antes de acordarmos nossos filhos para a escola. Nessa estação que chamo de minha intimidade, nós nos permitimos sensações maravilhosas, nos descobrimos juntos e parecíamos um só corpo, uma só alma.

Engravidamos juntos, todas as sete vezes. E ficamos muito aliviados quando meu médico disse que podíamos manter relações sexuais durante a gestação. Nossa sensualidade era importante para nós dois, toda nossa pele era sensual para nós, eu reagia ao seu calor e ele ao meu. Carregando nossos filhos dentro de mim, eu me sentia ainda mais apaixonada. Nunca ficamos muito tempo sem nos amar, sem nos tocar, sem essa entrega. Quando os filhos foram chegando e crescendo, nos fortalecemos ainda mais. Os filhos iriam bater asas, seríamos sempre eu e ele. Até que o perdi. Perdi Tiago também... No mesmo dia... como aguentei? Como me mantive viva? Se paro nessa estação, vou para meus cadernos, desenhos, para minhas poesias, espero a dor passar. A dor não passa. Adormeço.

O almoço estava delicioso. Nenzinha ficou o tempo todo sentada ao meu lado, me ajudando a me alimentar e também se alimentando. Clara tinha saído para resolver as coisas dela. Minha filha parecia tão perdida. Eu quero tanto ajudá-la. Ela está tão diferente, tão sozinha, tão isolada. Eu tento protegê-la, mas acho que só consigo piorar as coisas. Seus irmãos se afastaram dela de uma maneira cruel. Eu disse isso para sensibilizá-los, só piorei os ânimos. Meus filhos querem que eu faça o que eles acham certo. Eu quero e vou fazer o que eu acho certo. Tem sido um desgaste tentar remendar minha família.

Olha o que temos hoje de sobremesa, diz Nenzinha com uma barra de chocolate 60%. Sorrio para ela e saboreando aquela delícia viajo mais uma vez para longe de tudo. Passei a tarde mergulhada naquela barra de cacau.

Lembranças do ano de 2006, começo de julho. Os festejos do São João e São Pedro já não eram mais os mesmos. Na casa da fazenda Bonança estávamos eu e Antônio, com todos os nossos filhos, alguns primos e amigos. Nada parecido com os anos áureos, mas a casa estava em festa, cheia de adereços, bandeirinhas coloridas, arranjos de frutas, flores nos caçuás e cestos de cipó, toalhas de chita sobre as mesas, substituindo as rendadas do cotidiano elegante da fazenda. Não se via o mesmo burburinho frenético das dezenas de convidados, trabalhadores com suas famílias, entrando e saindo das salas de refeições, saboreando os mais diversos quitutes que não paravam de ser produzidos na grande cozinha.

O dia estava nascendo, era uma manhã chuvosa, no ar o bom cheiro de terra molhada. O fogão à lenha já estalava quando Antônio apareceu para o café. Dona Nalva, nossa cozinheira, sorriu ao vê-lo, lhe entregando o jornal *Diário*. Ele sorriu em agradecimento e perguntou se ela tinha notícias da filha que tinha ido trabalhar e estudar em São Paulo. Nalva enfiou a mão no bolso do avental e mostrou seu celular, isso fez seu patrão soltar uma bela gargalhada e exclamar: *Deus me livre desse troço! Até tu, Nalva?!* Dona Nalva gargalhou junto, replicando com sua língua afiada em tom de galhofa: *Seu espírito é de um velho! Nem micro--ondas tem nessa cozinha! Ha ha ha!* Deu meia volta se esbaldando em risos, deixando-o com "cara de mamãe sacode", expressão usada por ele, quando alguém ficava muito sem graça. Ela completou sua frase dizendo *Já, já trago seu café coado como o senhor gosta (sem usar a cafeteira,* murmurou). Antônio sentou-se confortavelmente na cabeceira da mesa e abriu o jornal, espantado com a manchete na primeira página: "A face do mal se revela sem pudor." Fotografias de cacaueiros contaminados com a praga, gráficos desenhando o quadro da decadência da produção e um longo texto que imediatamente o absorveu.

"A grande pergunta sobre COMO a vassoura de bruxa, praga mortal dos cacaueiros, chegou até a região sul da Bahia e se espalhou de forma estranhamente veloz, pode estar encontrando sua resposta. Agora se pode afirmar que existiu uma 'missão cruzeiro do sul' estrategicamente calculada para a destruição das lavouras da região. A face desse ato humano deliberado começa a ser revelada pela delação de um dos autores desse crime. Esse homem, que se diz arrependido, deu uma grande entrevista a uma revista de alcance nacional. Antes de revelarmos os detalhes desse assombroso depoimento, vamos refletir sobre a sequência dos acontecimentos e suas atrozes consequências.

No dia 22 de maio de 1989 técnicos agropecuários descobriram, durante investigação de rotina, o primeiro foco de vassoura de bruxa numa plantação de cacau no sul da Bahia. Inicialmente, hipóteses falsas foram levantadas e noticiadas nos jornais da época, sobre a chegada da doença nas plantações, como se aquele fenômeno fosse causado por uma sabotagem feita a mando de outros países produtores. Foi criada essa cortina de fumaça para esconder a verdade, uma vez que os técnicos documentaram terem encontrado em várias fazendas ramos de cacaueiros infectados com a doença, amarrados em pés de cacau. O nó da destruição. Esses registros documentados nos relatórios não foram investigados, pelo órgão que deveria dar a devida seriedade às evidências apontadas por seus técnicos. A hipótese levantada sobre um ataque biológico de outro país produtor de cacau, está claro agora, foi uma tentativa de desviar as investigações para a descoberta da cruel verdade que o nó daqueles ramos infectados podia revelar.

Inacreditável verdade, que nosso jornal tem o dever de apresentar para que você, trabalhador rural, que perdeu seu emprego e foi catar lixo em Itabuna e Ilhéus, viu desesperado suas filhas e filhos se venderem na beira da estrada, possa tomar conhecimento: o que houve com você e seus filhos, não foi 'a vontade de Deus!'. Publicamos também para que você comerciante, que teve seu negócio fechado, está cheio de dívidas e empréstimos, tenha o direito de saber que não foi uma conspiração internacional mirabolante, e com certeza, para você, que equivocadamente e pejorativamente é chamado de coronel do cacau! Para você, amigo produtor, que representa 80% dos produtores da região cacaueira, morava em sua roça, sua pequena propriedade, com esforço, dedicação ao seu trabalho, capacidade administrativa, correndo inúmeros riscos, tinha conquistado uma vida digna e perdeu tudo.

Esse plano maligno articulado e bem executado teve várias frentes de manobra. Um verdadeiro mecanismo para fazer a engrenagem econômica e política girar em favor dos perdedores — predadores sem escrúpulos que esperneavam por riqueza e poder, e a qualquer custo atropelaram sonhos e vidas. Amigo trabalhador, comerciante e produtor, a felicidade de vocês incomodava muita gente. O homem bem aventurado provoca inveja aos trevosos que não sabem trabalhar e querem para si a condição de vida que não têm competência de atingir! Ratos manipuladores, abutres e parasitas, nada sabem fazer, a não ser articular planos para tomar para si uma vida que nunca teriam. Estão livres por aí, como psicopatas sociais se comprazem com o sofrimento alheio. Formam bandos, se protegem e são muito perigosos. Falam uma mesma língua, espalham mentiras e vestem peles de cordeiros. Estão por toda parte.

Seu editor do *Diário* entende o impacto desta reportagem. Por isso, pedimos, não se desesperem, não percam a cabeça, nem se afoguem na tristeza depois de ler nossas páginas. Apenas abram os olhos, deem as mãos, lutem! Contaremos essa história modificando os nomes, até que a verdade possa vir à tona. Não queremos ter nosso jornal fechado pela justiça que está cega para alguns de nós, alguns nós..."

Antônio estava congelado. Dona Nalva estava retornando à sala com uma xícara cheirosa e fumegante de café, mas quando viu o rosto de seu amigo, deixou a xícara se espatifar. A boca de Antônio estava toda torta e sua expressão, sua face, seu corpo... Ela viu que era algo muito sério. Antônio não conseguia falar. Rápida, conseguiu ajuda. Logo todos estavam acordados. Eu parecia uma leoa dando direcionamentos, controlando a situação. *Tiago, rápido, pegue as chaves da caminhonete e vamos agora para a Santa Casa.*

Dona Nana, a senhora está chorando? Pergunta Nenzinha.

Preciso me deitar um pouco. Me ajude, Nem. Adormeço.

Direitos e deveres: dádivas e obrigações

2019

Em casa, já tarde da noite, Clara abriu a pasta que contém a escala das cuidadoras. Era preciso ter muito cuidado ao gerenciar aquelas tabelas. A legislação trabalhista garante muitos direitos, sem dúvida a balança da justiça pende para a proteção de quem trabalha. Ela sempre achou aquilo justo. Pegou os papéis da novata Ana, com todos os dados, e começou a digitar a atualização. Viu as preferências do dia de folga, do mês de férias, do turno para os plantões. Foi apagando todos os dados de Verônica, a cuidadora recém demitida, que ainda fazia sua cabeça doer. É preciso muita disposição para ser ruim, pensou Clara.

Terminou de preencher os novos dados, deu uma olhada na equipe que estava formada, rendeu graças. Ali estavam cinco pessoas especiais: Dite, Dri, Agda, Jurimar e, agora, Ana. Começou a ler as fichas, endereços, situação civil, número de filhos, os comentários como notas de rodapé que ela registrava sobre cada uma e a olhar as fotos dos seus rostos.

Engraçado é o emaranhado nas teias dessa relação contratada. Intimidade, confiança, amizade, misturadas com recibos de contracheques, carteira de trabalho assinada, 13.º, horários a cumprir, direitos e deveres. Ao menos, as regras do acordo são claramente estabelecidas, uma vez cumpridas, é sucesso garantido. Nem sempre! Afinal, "as partes" são pessoas, e cada cabeça... é um universo inteiro!

Discrepâncias entre seus mundos podiam gerar um abismo intransponível. O jeito de sentir e reagir aos desafios do viver, as queixas, os motivos para celebrar a vida ou se entristecer, são muito diferentes.

Fica claro que criaturas de uma mesma espécie podem sobreviver em planetas opostos, do indigno ao luxuoso, e serem dependentes uma da outra naquilo que é mais essencial, por meio de um contrato de trabalho.

O que faz valer as máximas "somos todos filhos do mesmo pai", "somos irmãos"? O que nos torna humanos, enfim? Clara aprendeu até ali, com aquelas relações, observando e vivendo os momentos cruciais, na essência da dor e do riso, viemos sim da mesma Gênesis. Olhando os rostos das cuidadoras, pensando em sua própria família, na história de amor de seus pais, nascidos em lares tão diferentes, ela entendeu que só nos tornamos humanos quando nos relacionamos com fraternidade, ética e humanidade. Isso é uma jornada.

A linha do tempo, das contratações das cuidadoras, conta o processo de evolução da doença de Nana. Primeiro veio o diagnóstico sugerido pelo sobrinho médico da família, que indicou um especialista renomado para fazer mais exames e confirmar o veredicto.

Nana e Antônio viajaram até o distinto doutor, um homem de meia idade, soberbo, que cobrava um valor exorbitante por consulta, os recebeu friamente e depois dos exames confirmou enfático que se tratava de uma doença crônica que só iria piorar. Piorou. Coincidência ou não, avançou desenfreada depois do acidente de carro que levou seu marido e seu filho.

Olhando os rostos das cuidadoras na tela, lembrando como eram ao serem contratadas e como se transformaram, Clara teve certeza que elas também foram cuidadas durante todos aqueles anos. Havia uma troca bem-aventurada acontecendo.

Judite de Deus

A tela do computador estampava o rosto de Dite, a mais antiga e mais velha do grupo. Um tamborete cômico e roliço de pessoa, quase desbocada. Sua foto pode ser descrita como uma mulher preta, cabelos alisados na altura dos ombros, grandes óculos de aros pretos, e claro, estava sorrindo na foto. Fiel escudeira, estava sempre disponível, atenta, vigilante. Foi ela quem, pacientemente, ajudou Nana a aceitar as acompanhantes para os cuidados. Processo sofrido, longo e cansativo para todos.

Judite ou Dite, moça velha, como os antigos diziam sobre uma mulher madura que nunca se casou, vive só. Seus parentes moram no interior da Bahia, pelas bandas da Chapada Diamantina. Tamanha solidão torna sua alegria surpreendente. Brincar com tudo talvez seja seu jeito de driblar suas carências. Pura amorosidade.

A agência fez ótimas recomendações sobre ela. Na ocasião, a própria Nana foi quem resolveu sua contratação e administrou tudo. Passar pelo crivo de "Dona Eliana"... Hum... era uma prova de fogo. Aprovada, foi conhecendo o lado leve e generoso da sua patroa e também passou a chamá-la pelo apelido carinhoso.

Entrevista de admissão: quem escolhe?

Dona Eliana, com seus sentidos aguçados (especialmente o sexto sentido), entra na sala *escaneando* a candidata enviada pela agência, segurando o currículo, avaliando a mulher à sua frente, desde a cor do esmalte ao perfume no ar. Busca ver por meio do jeito de olhar, falar, nos seus gestos, quem ela é. Nana parece não perceber que ela também está sendo analisada.

Sentada frente a frente no sofá, Nana a cumprimenta cordialmente e pergunta para aquela que parece estar tranquila demais naquela sala esplêndida: *Por que você se tornou cuidadora?* Judite responde com simplicidade, quando era só uma mocinha cuidou da avó até ela morrer e, depois, da mãe com câncer. Morava no interior, veio para a capital trabalhar na casa do vereador de sua cidade para cuidar do pai dele, por aqui ficou. Até hoje é o que ela faz. É o melhor que sabe fazer. *Não cozinho bem, não sou boa faxineira, mas sei cuidar de gente.* Dite sorriu e perguntou: *A senhora me parece forte. A senhora tem o quê?* Ao ouvir a resposta de Nana, ela começou a falar, com ingênua sinceridade.

A senhora não sabe o tamanho do monstro que está para enfrentar. Sou cuidadora antiga, Dona Eliana. Cuidei de muita gente. Acompanhei outras pessoas nesse mesmo Corredor da Vitória. Vi muitos dias nascerem olhando para essa baía de Todos os Santos, não esqueço das noites em claro tentando consolar uma senhora pequenininha, que muito chorava de desgosto, rezando um rosário atrás do outro, repetindo Ave Marias e Pai Nossos, nas continhas de pérola e ouro... Alguns dias, desesperada, deixava de ser ela, gritava, xingava e atirava coisas em mim. Eu ainda vou duas vezes por mês dar plantão num abrigo lá em São Tomé. A senhora não imagina o que se passa por lá. Também rezamos o tempo todo, com terços de plástico, sem terços... Pedimos pela misericórdia. Nesse lugar falta tudo, fraldas, remédios, roupas de cama limpas... Realidades tão diferentes, mas vou te dizer, o que mais dói, em qualquer lugar, é o desamor da família. Os parentes podem ser parte da doença ou do tratamento. Essa sua doença vai exigir demais da senhora. Nessa estrada, a senhora vai conhecer quem é sua família. Já vi cada coisa, minha senhora... Não sei o que o mundo precisará passar para as pessoas entenderem sobre amor, fraternidade e cuidarem umas das outras. Eu já vi muita coisa, dona ElianE. (Esfregou as mãozinhas pequenas.)

Nana só corrigiu: *ElianA*, já convencida de que estava diante da escolhida, pela profunda franqueza nas respostas.

Passaram-se mais de dez anos de convivência, Dite viu de tudo naquela casa. Sem ter parentes, foi ficando pelo apartamento, praticamente morando com a família. Foi para cuidar, cuida e é cuidada. Participa dos Natais, seu nome entra no amigo secreto da família, ela se sente à vontade para se sentar ao redor da mesa durante as refeições. Ela é de casa.

Adriana de Nalva

Dri foi a cuidadora que chegou "sob encomenda". Uma verdadeira bênção. Era a mais capacitada de todas, a única contratada por fora da agência. Bastou Dona Eliana saber que Dri era Adriana de Dona Nalva, filha da sua querida cozinheira da fazenda, que estava retornando de São Paulo, formada como Auxiliar de Enfermagem, para as portas da casa se abrirem para ela.

Dri cresceu na fazenda Bonança, no regaço daquela família. Sente orgulho da sua mãe cozinheira, forte e digna, não esconde suas raízes. Via que tudo o que Nalva fazia era valorizado pela família, se não fosse assim, elas teriam ido embora. Nalva se orgulha de quem é, da vida que vive, exulta ser uma mulher abençoada, e é mesmo! Mulher trabalhadora, destemida, cuida de tudo naquela cozinha, inúmeras vezes preparou refeições para muitas pessoas, até 30 pessoas, que nas férias escolares quebravam a serenidade da rotina da fazenda. Ela é capaz de comandar uma equipe de ajudantes e gerenciar tudo de modo impecável! Esse retrato de boa autoestima influenciou no jeito como sua filha Dri encara a vida.

Bravamente, enfrentou ir para São Paulo, fazer o melhor curso de Auxiliar de Enfermagem e morar na casa do tio que lá já trabalhava como pintor e vivia chamando seus parentes para irem também. *Os salários são melhores*, dizia ele, emendando: *uma cozinheira como minha irmã fica bem de vida aqui*. Sua irmã retrucava: *Eu vou ter essas pastagens das janelas das cozinhas em São Paulo, Humberto?* E ele se calava.

As dádivas da vida estão nas coisas que são acessíveis a todos. Só nos cabe escolher colocá-las no coração e dar poder a elas. Adriana soube fazer isso nas muitas dificuldades que enfrentou. Nem sempre é fácil ser filha da cozinheira, ainda mais quando criança, e se sentia agredida pelos muitos ataques de alguns convidados que iam passar férias na fazenda. Na hora das brincadeiras entre as crianças, escolher as montarias, sentar para as refeições servidas por sua mãe, ela ouviu muitas coisas que faziam seu coração se apertar, ela sentia que aquele "amiguinho" não gostava da presença dela. Só que era ele quem estava no lugar errado, ela estava em casa.

Essa forma de lidar com as pirraças maldosas e as injúrias fez toda diferença para a pessoa que ela se tornou. Dri não colocava sementes tristes de ódio em seu coração. Mulheres especiais foram responsáveis por isso: sua mãe e suas professoras da Escolinha Campo das Letras, escola rural mantida com apoio das esposas dos fazendeiros.

As professoras da escolinha perceberam que na volta das férias seus alunos faziam alguns comentários preocupantes sobre o que viam acontecer nas sedes das fazendas.

No meio dos festejos, aconteciam amizades, brigas, desrespeito, generosidade, namoros e humilhações entre as crianças e adolescentes que eram de mundos diferentes. Os alunos, filhos dos trabalhadores, descreveram as crianças da cidade com estranheza, relataram muitas coisas soltas, peças de um quebra-cabeça que precisava ser montado e reelaborado.

Contaram eufóricos que os visitantes se comportavam, se vestiam, cheiravam e falavam de um jeito bem diferente. *Eles têm nojo de pisar no chão descalços!* Um menino não aceitou de volta o chapéu que Jonas colocou na cabeça, porque iria pegar piolho (?). *E chamou Tintina de melequenta! Uma menina que usava uma saia curta beijou André, na boca, professora! Ela ainda me disse que como sou filha da empregada, eu não podia sentar na mesa da sala (?). André me deu a mão e deu língua pra ela. Eles não sabem montar, nem subir em árvores, ficaram com medo de entrar na represa. Jonas ficou metendo medo neles com o pitu que pegou vivo. O legal foi na hora da preparação para a quadrilha. Dona Nana juntou toda a criançada e puxou as danças. Foi uma alegria só!*

Depois de ouvir todas as histórias, as professoras conversaram e decidiram levar para ser lida nas salas uma historinha em quadrinhos, inspirada nos personagens Chico Bento e Zé Lelé, do cartunista Maurício de Souza. Prepararam as apostilas para os alunos e fizeram a parte delas. Na história, Chico contava para Zé Lelé a parábola bíblica do semeador, que vai lançando boas sementes que caem em diversos tipos de solo. A boa semente só germina e se desenvolve no solo fértil. As professoras acrescentaram mais três quadrinhos. Colocaram Zé Lelé perguntando para Chico o que aconteceria se a semente fosse ruim, ao que Chico responde: *"Ara Zé, a gente faz como na plantação das sementeiras do cacau»*, *«A gente joga a semente ruim fora.»* Esses quadrinhos foram usados pelas professoras para conversarem com os alunos sobre tudo o que tinha acontecido durante os festejos do São João. Elas enfatizaram que era importante não colocar no coração sentimentos ruins que eram lançados por maus semeadores. Assim como Chico respondeu para Zé Lelé.

A agulha e a linha: Agda e Jurimar Dupla de cuidadoras imbatível

Agda e Juri chegaram praticamente juntas, indicadas também pela agência. Agda é uma mulher corpulenta, vaidosa e muito metódica, se vê pela sua farda e aparência sempre bem cuidadas, cabelinho bem arrumado, batom nos lábios. Ela programou o alarme do seu celular, com um toque de galo na alvorada, com todos os horários das medicações, do banho e das refeições para nada fugir ao seu controle. Massageia os tornozelos inchados de Nana, insiste em fazer os exercícios que a fonoaudióloga passa e só se dá por satisfeita quando consegue cumprir toda a programação. Jurimar é alta, forte, branca, ligeira e a mais criativa de todas. Chega com ideias de jogos, músicas e comidas, para levantar o astral de sua querida Eliana. Está sempre assistindo a vídeos motivacionais e tem sempre alguma proposta para preencher o tempo de Nana. *Repete: a senhora precisa ver a vida!* Por meio dela os cadernos para poesia e pintura surgiram, além das descidas na cadeira de rodas, para tomar sol e ver as crianças no parquinho do condomínio.

Foi Agda quem percebeu a maldade em Verônica. Cismou com a maldita depois da postagem do vídeo que ela fez no quarto do senhor que ela cuidava. Ao lembrar disso, Clara sente o peito apertar. Mas seu irmão aparece ao seu lado. Tiago também não compreende a maldade. É maldade demais. Ele sabe que o senhor é incapaz de se defender, é um paciente avançado de Alzheimer, nem se mexe mais, só de vez em quando abre os olhos, chora e geme. *Um gemido repetido e irritante*, dizia Verônica. Suas tarefas, ministrar a alimentação enteral, trocar a bolsa de colostomia, mudar a posição do velho no leito, para evitar escaras. A maior cobrança feita pela família do idoso, diziam: *Nossa única preocupação é evitar as escaras no corpo dele; Meu pai não está mais aí.* Já tinham enterrado o velho vivo.

Raramente iam visitá-lo, quando apareciam, chegavam e saíam apressados para tocar as próprias vidas. Como poderiam saber o que ele sentia? Será que não estava mais mesmo nesse mundo? Essa forma que seus filhos pensam parece mais uma desculpa para não comprometerem nem meia hora de seu tempo para estarem com o pai. Ou será que foi um péssimo pai, e por isso ninguém se importa de verdade com ele?

O velho tem uma filha imbecil e fútil, não encontro outros adjetivos, que mora com ele, mas nunca entra no quarto do pai. Só grita impaciente ordens para a cuidadora, *Faça ele parar de gemer! Eu não aguento esse gemido!* Ele estava totalmente abandonado e tinha tudo.

Não encontrei nas lembranças dessa filha nada que o pai tivesse feito que justificasse aquela frieza. Eu não gostava de estar naquele lugar sombrio. Acompanhei Verônica por impulso, como muitas vezes fiz com cada uma das cuidadoras de minha mãe.

Ajudei Agda a pensar sobre o que fazer com a postagem do vídeo. *Não apague, sussurrei.* Na filmagem, aparece Verônica usando as joias da esposa falecida do velho, ela entra no quarto zombando da condição que ele se encontra, mostrando e falando do "enorme pau mole" com sonda, que não serve mais para nada. Repete a frase: *Pra quê tanto luxo se vai virar um lixo?!*

Um tempo depois da própria postagem, ela deletou. Deve ter se lembrado que Agda faz parte daquele grupo de cuidadoras. Conhecendo seu jeito, desde o tempo que foram colegas no curso, Verônica sabia que ela condenaria o que chamou de brincadeira.

Os grupos de WhatsApp criados por elas desde os tempos da formação técnica serviam para passarem informações de vagas de emprego e resenhas sobre o perfil das casas para onde iriam dar os plantões.

Se por um lado Clara tem seu arquivo com os dados das cuidadoras que passam por lá, as cuidadoras têm os grupos para conversarem umas com as outras. Assim, medem a "temperatura" da casa e se articulam melhor. Sabem onde estão pisando e se protegem. A primeira coisa que fazem ao entrar em uma casa é trocar telefones e criar um grupo. Mensagens sobre o que é permitido na casa, se devem levar a própria comida, se podem abrir a geladeira para pegar água, qual banheiro devem usar, como são recebidas. Histórias bizarras de desrespeito e humilhações, que parecem mentiras, já foram contadas nesses espaços. Muita mágoa e dor carregam esses corações.

Nascidas e criadas na selva da capital baiana, Agda e Jurimar são antenadas, trocaram mensagens sobre o vídeo que Verônica fez, como agulha e linha costuraram uma vigilante estratégia para pegar a sujeita.

Agda passava seu plantão às 19 horas para Verônica, que passava a noite com Nana, saindo às 7 horas da manhã, quando Juri chegava. Não demorou muito tempo para Agda e Jurimar perceberem que, depois dos plantões noturnos com Verônica, Nana demorava mais do que o normal para acordar, passava o dia sonolenta e totalmente inerte. A boca trêmula, o corpo torto, olhar vidrado, distante... Elas começaram a contar os comprimidos nas passagens dos plantões de Verônica. Dois plantões seguidos, deram por falta de comprimidos do Rivotril.

Marcaram encontro com Clara durante o dia, para lhe contar o que desconfiavam. Clara surtou quando assistiu ao vídeo. Exigiu que a empresa demitisse Verônica e comunicasse à família do idoso sobre o comportamento dela, violação da privacidade e total desrespeito.

A agência alegou que não podia demitir a funcionária. *Não existe demissão por justa causa, minha senhora. Temos que fazer tudo cuidadosamente, para não sermos punidos. Podemos responder na justiça, por calúnia, difamação, constrangimento...*

Estarrecida, incrédula, Clara disse aos berros: *Na minha mãe ela não toca mais! Podem mandar qualquer outra pessoa! Não importa não ter experiência! Esse verme não entra mais aqui!*

Clara suspirou, depois de todas as recordações que reviveu ao fazer as atualizações necessárias na pasta funcional da equipe de anjos que cuida da sua mãe. Exceção aquela má conduta. Na maioria das vezes se admirava pela gentileza delas no tratamento com Nana. O jeito de chegarem para assumirem os plantões, com alegria e leveza, o manejo correto para acertar o travesseiro, ajustar a fralda entre as pernas, trazer o canudo na xícara de chá, dar os comprimidos um por um, e não todos de uma vez para não engasgar... paciência, paciência, paciência e bom ânimo. Aquelas mulheres lindas sabiam e gostavam do trabalho ao qual se dedicavam por inteiro. *Que Ana seja bem-vinda!* Fechou a tela do computador e foi enfrentar seu dia.

10/12/2019 –
A Reunião

Demônios nos habitam

Reunião marcada para as 18 horas, estou na sala aguardando, naturalmente rezo o Angelus. Ainda sinto essa devoção. A árvore e o presépio armados e iluminados com pisca-piscas, nossas fotos no aparador, enfeites de Natal apareciam em cada cantinho. Qual o significado de todo esse zelo com a decoração?

Eu precisava estar com Clara e minha sobrinha toda encolhida dentro da barriga da mãe. Sintonizei com elas, durante todo o dia. Nós, os sete filhos de Eliana e Antônio, juntos na grande mesa da sala de reuniões, para ouvir o velho contador e amigo da confiança de meu pai, o senhor Carlos, responsável por administrar as finanças da família.

Penso que ninguém nota a minha presença, estou participando de tudo, ouvindo tudo e sentindo os corações de cada um ali, do que restou de nós. Percebo que, infelizmente, a grande preocupação é com o dinheiro que cada um vai embolsar de herança. Minha mãe ainda está viva!

Passaram-se cerca de 40 minutos de conversa em torno dos relatórios e demonstrativos lidos por seu Carlos. As informações eram boas.

Ou melhor, as perspectivas eram ótimas. Basta a economia continuar estável em 2020 para serem pagas as últimas parcelas das dívidas. Além disso, os filhos que puderam contribuir nos meses passados, cobrindo as despesas extras, serão ressarcidos. Ansiosos para terem o dinheiro de volta com juros, pensavam que foram privados naquele ano de trocarem de carro e viajarem para o exterior. Egoístas! Fiquei ressentido, afinal, alegaram a ajuda dada à minha mãe, para humilhar os irmãos que não puderam ajudar e se envaideceram por isso. Não havia neles nenhum sentimento amoroso, leve e feliz, por poderem colaborar com a própria mãe, com a nossa própria família. Espantado, decepcionado, captei a mesquinhez de um coração que nunca ajudou financeiramente em nada, soberbo, sentado na cabeceira da mesa, um coração mimado, infantil, se serviu do nome e dos bens da família, pouco ofereceu, muito retirou. Esse coração cheio de inveja das conquistas dos seus irmãos culpabiliza seus fracassos pelos poucos limites que lhe foram impostos, segurava a taça de cristal fino pensando "vou dar um jeito de ficar com essa louça e com os talheres de prata também". Pairavam muitos pensamentos ruins. Poder captar as sombras das pessoas que cresci amando é muito doloroso. Vou levar tempo para compreender tudo isso. Afinal, quem somos?

As boas novas anunciadas no início da reunião não impediram que de repente uma palavra mal colocada entre dois dos meus irmãos destampasse uma série de mágoas não resolvidas. Águas passadas represadas nos corações saíram numa enxurrada de ofensas. Me vi ao lado de Clara, tentando acalmá-la, lhe dar conforto, envolvendo-a, mas não pude contê-la. Ao ser chamada de aproveitadora fracassada, ela desferiu uma bofetada em resposta ao insulto.

Do seu quarto, minha mãe ouviu quando as alterações das vozes começaram a se descontrolar. Seu corpo arrepiou por inteiro e na mesma hora pousou uma presença ao lado dela. Senti. Com o coração disparado, tomada por determinação e coragem, pediu para Ana, cuidadora que estava com ela, levá-la até a sala da reunião. Ao chegar na sala, sentadinha em sua cadeira de rodas, pude ver uma entidade ao seu lado. Era ele, era meu pai! Uma luz, um contorno brilhante, era ele. Aquela energia absolutamente forte, imperativa e serena tão amada por mim. Ele estava também sutilmente através dos olhos e da voz de minha mãe.

Ela disse com firmeza e num tom de voz que ecoou mais alto dentro de todos na sala: *Saiam todos da minha casa! Agora! Só você fica, Carlos, por favor.*

O silêncio tomou o ambiente, meus irmãos saíram. Imóvel, Senhor Carlos percebeu algo diferente em Nana. Lembrou-se de seu amigo. Esperou até Nana começar a falar:

— Desculpe por minha família, meu amigo. Sei que você não está surpreso, não é mesmo?

— Oh, minha amiga querida... Eu os vi crescer. Essa não é a minha primeira reunião com eles. Já venho acompanhando as mudanças. Eu, você e Antônio já conversamos muito sobre tudo isso.

— Ah, Carlos... Eu tinha esperanças. Apostei, em algum momento, todo amor que eu e Antônio demos a esses filhos... Eu pensei... Pensei que os faria retornar a serem a família unida e alegre que fomos. Em sua casa é assim também?

— Não, minha amiga, não é. Somos só quarto e só temos um apartamento. Eu e Alice decidimos não acumular patrimônio. Decidimos viajar... viver! Mas vocês tinham compromisso com a herança, que veio com pesos. Manter o nome, fazer crescer a fortuna... Eu não sei como faria se estivesse em seu lugar.

— Antônio e eu erramos?! — Ela faz com seus gestos trêmulos um jeitinho de quem desistiu de entender — Nem em nossos piores pesadelos pudemos imaginar nossos filhos se odiarem assim. Sinto-me culpada, Carlos. Esse sentimento me consome.

— Por ter dado tanto?

— Exatamente!

— Mas... vocês não deram só coisas. Vocês deram uma ótima educação, Nana. Vocês estavam presentes, foram amorosos, orientaram, apresentaram cada um a Deus!

— Não foi o suficiente, meu amigo. Não sei o que eles realmente precisavam. Antônio estava vivo, quando tivemos uma longa conversa. Brigamos feio. Nossas brigas começaram por causa dos filhos crescidos. Fico me perguntando, poderíamos ter feito algo diferente?

— Nana, não faça isso com você. Não é justo! Cada um faz suas escolhas, não controlamos tudo.

— Eu sei. — Disse retomando a si mesma — Mas existem coisas a fazer. Eu darei a minha última cartada. Trouxe os papéis?

— Trouxe. Acredito que você sabe o que está fazendo. Já debatemos isso muitas vezes. Mesmo assim, preciso perguntar pela última vez. Você tem certeza?

— Absoluta! Chegou a hora. Esses papéis estão prontos há muito tempo. Vamos em frente!

Carlos abriu a pasta, retirou o envelope com os papéis do cartório, perguntou se ela gostaria que ele fizesse a leitura. Ela deu um gole na água trazida por Ana, acenou afirmativamente para ele e num gesto pediu para a cuidadora deixá-los a sós. O senhor Carlos começou a leitura dos documentos em tom solene.

Ana vai para a cozinha e lá encontra Judite para a troca do plantão com uma rara fisionomia séria. Certamente ela tinha ouvido parte das discussões daquelas pessoas que conhecia e convivia há anos. Com certeza, ouviu Nana colocá-los para fora. Estavam lívidas. Se cumprimentaram e ficaram em silêncio ouvindo a leitura do documento. Uma bomba estava caindo sobre todos! Num determinado momento, Ana disse que precisava ir embora, para não perder o ônibus. Se despediram, ela saiu acelerada para não perder o horário de seu transporte.

Ônibus lotado, quente e muito barulhento. Ela estava entrando em outra realidade, voltando para seu mundo. Ao seu redor muitas pessoas nervosas, cansadas, suadas, embarcavam naquela lata de ferro fervente, para uma viagem que duraria quase uma hora. Nas várias paradas daquele percurso de 18 km, saindo do Corredor da Vitória até a Mata Escura, o motorista freia bruscamente e volta a acelerar, fazendo uma coreografia forçada com os passageiros, todos vão se equilibrando para frente e para trás, enquanto nos pontos saltavam um ou dois passageiros, subindo quatro ou cinco. O grande fluxo de gente entrando no ônibus para voltar para casa no fim do dia vem da força de quem trabalha naquela região, nos prédios chiques, como porteiro, servente, babá, caixa de supermercado, e tantas outras funções, se espremendo nos poucos ônibus disponíveis, mal conservados, caóticos, de uma cidade que se diz mãe.

Nessa tortura diária de retorno para casa, trânsito congestionado, ainda é preciso estar em alerta para os assaltos, furtos e outros perigos. A paisagem do trajeto vai mudando drasticamente. Ao sair do agradável Corredor da Vitória, se vê pela janela o Campo Grande, uma farta beleza na praça, com árvores, banquinhos, linda iluminação, onde naquele horário, contrastando com o belo, só circulam os noias. Os moradores dos prédios ficam em seus territórios, não se atrevem a fazer uma caminhada, para tomar uma fresca ou ver a lua. A cidade se comporta como um organismo vivo, se defende e ataca. Salvador é regida por silenciosos e sinistros pactos, como se fosse dada uma ordem, um toque de recolher para os vermes vagarem assombrando seus caminhos. Onde não é ponto turístico, a sombra do medo e da violência toma a atmosfera a partir das 20h. As grades dos edifícios já parecem baixas e vulneráveis, o que impede os esquecidos de invadirem? A luz que vem da Colina Sagrada.

Ana toca na senhora que cochila, sentada em sua frente. Agora, finalmente perto de casa, era preciso estarem acordadas, descer rápido do ônibus e andar em grupos. O cenário é de postes tortos cheios de fios e cabos, com rabiola Luiz entra com sua Bíblia de pipas presas, pares de tênis pendurados, as ruas apertadas, sem passeio, fazem com que pedestres, carros, as loucas motos, disputem o mesmo espaço. Segurando sua bolsa com firmeza, em passo acelerado, chega em casa. Entra, tranca a porta, um dos seus meninos está lá despojado no sofá, assistindo televisão, nem se move. Ela o beija e vai para o banheiro. Se alivia, toma banho, senta pensativa com uma xícara de café nas mãos, vê o horário em seu celular, o culto já deve ter terminado, logo seu esposo estará de volta. Ela deixa o lugarzinho dele arrumado e fica atenta à porta. Luiz entra com sua Bíblia debaixo do braço, seu filho se levanta para cumprimentá-lo, desliga a televisão e vai para o quarto.

— Boa noite, marido!

— Boa noite, esposa. — Responde, já sabendo que teriam uma longa conversa. Ele conhece bem a mulher com quem se casou, tudo nela demonstra ansiedade. Se senta para tomar café e deixa ela falar.

— Luiz, eu tenho uma coisa muito séria para conversar com você. Aconteceu uma coisa hoje no trabalho... Luiz...

— Ana, desde o momento que entrei e coloquei meus olhos em você eu sabia que vinha alguma coisa séria. O que foi? Perdeu o emprego?

— Não, Luiz, não é nada disso... É mais sério...

— Mais sério do que perder o emprego? Vixe! Então, diga logo!

— Você lembra que recebi uma profecia da irmã Creuza, quando estava indo para entrevista desse emprego?

— Lembro perfeitamente...

— Tenho poucas semanas naquela casa, Luiz. Desde o primeiro dia que pisei naquele lugar, eu me senti parte da vida daquela mulher.

— Eu sei! Você só fala dela, liga pra saber dela nos seus dias de folga, só fala dessa família, se preocupa com eles, como se fosse responsabilidade sua.

— Por favor, me escute, me deixe falar.

— Fale! Você vai falar mesmo, alguém te segura?

— Luiz, preste atenção... Ela decidiu vender tudo o que tem. Eu ouvi ela falando com o contador da família. Vai vender até o apartamento onde mora e se mudar para a fazenda no interior. Ela quer dar a parte da herança dos filhos enquanto está viva, porque os filhos só vão brigar pelas coisas que ela e o marido construíram a vida toda. Os filhos se odeiam. Brigaram feio hoje, teve até tapa na cara... Eu fiquei morta de pena dela... Não sei como aquela mulher tão frágil conseguiu colocar todas aquelas onças para fora de casa... Ela estava no quarto no momento em que as discussões se alteraram, *ela mandou* eu levá-la na sala onde estavam, eu estava apavorada, empurrei a cadeira de rodas me tremendo toda, quando chegamos na sala, ela falou numa voz de trovão, para todos saírem da casa dela. Saíram envergonhados...

— Oxente, se ela vai vender tudo e vai para o interior, você vai ficar sem emprego...

— Não! — Levantou da cadeira e começou a andar de um lado para o outro, continuou falando — Ela vai nos oferecer mudar junto com ela. Vai nos dar casa para morar na fazenda, que será de todos os que trabalharem lá e cuidarem dela, até ela morrer. Como uma cooperativa. Essa parte eu não entendi bem...

— Ana, e por que você está me dizendo tudo isso? O que você está pensando nessa sua cabeça?

— Estou pensando, chegou a bênção que pedimos a Deus! Eu já vi fotos dessa fazenda. Dri cresceu lá. Ela só fala coisas boas desse lugar. Ela diz que é como um paraíso na terra...

— Temos dois filhos, Ana! Como vamos nos enfiar numa fazenda?! Você só pode estar ficando maluca!

— Pelos nossos dois filhos, Luiz! Eles vão passar a vida lutando como nós lutamos até hoje?! Trabalhando para pagar as contas, se acabando para ter um mínimo de dignidade?! — Fala com os olhos injetados.

— Mulher, você está se lamuriando?

— Meu Deus! Não é nada disso! Só me escute, me deixe falar!

— Vá, fale! Deus seja por mim!

— Nosso filho mais velho está morando de aluguel, com a esposa, logo virão nossos netos. Se formos morar nessa fazenda, eles podem vir pra cá, não vão pagar aluguel. Pense um pouco nisso. Eles vão poder economizar, bater a laje aqui em cima, com pouco tempo vão estar na casa deles.

— E Ninho? Ele que só fica nessa televisão e no celular!

— Vai com a gente! Lá vai ter televisão... — Parou de falar para não ofender seu filho que com certeza está ouvindo do quarto.

— Ana, Ana... E eu?!

— Você vai poder pregar para as pessoas de lá. Vai servir a Deus com uma chance de verdade, que você nunca teve aqui. — Ela estendeu a mão e colocou em cima da Bíblia — Nosso Senhor tem um propósito de transformação das nossas vidas, junto dessa família.

A perplexidade estampada nos olhos de Luiz, diante daquela possibilidade concreta de mudança da vida, fez com que eles conversassem por longas horas naquela noite e em muitas outras. Luiz, líder comunitário atuante, intercede pelas necessidades das pessoas do seu bairro, faz vaquinha para cadeira de rodas, enxoval para gestantes, festas de aniversário coletivas para as crianças, sua presença é importante para as pessoas da Mata Escura. Ele e Ana atuam juntos, são símbolos de ação cristã solidária. Tudo vivido por meio da força da igreja e direcionamento dos seus pastores, são uma brisa de esperança, apontando um caminho para fora daquele inferno.

Foram seus pastores que os ajudaram a decidir aceitar a mudança. Disseram-lhes que em todo lugar havia carência de servos do Senhor e eles eram capazes de fazer mais pelas pessoas, já estavam preparados para um desafio maior. Lá na comunidade, ao menos havia uma igreja consolidada. Ajudou também na decisão, perceberem alguma coisa estranha no comportamento de Ninho. O caçula começou a chegar tarde em casa, olhos vermelhos desafiadores e fala agressiva. Novos e feios amigos chegando na porta para chamá-lo para sair. Estariam perdendo o filho para as drogas? Sair de Salvador começou a parecer uma boa escolha.

Herança em vida

O Natal e o *Réveillon* passaram para Eliana, como quem espera debaixo de uma marquise na rua a chuva passar. Suas cuidadoras redobraram as atenções, ainda bem que as tinha. Esses dias deveriam ser especiais, as famílias procuram estar juntas, trocam presentes, felicitações, são tocadas pelo espírito natalino e tentam zerar os ressentimentos. Não naquele lar, nenhum filho, neto, nora ou genro foi vê-la. Sequer telefonaram.

Eles já deviam ter sido notificados sobre as decisões tomadas. Todos os imóveis da família seriam vendidos, menos a fazenda Bonança, para onde Nana vai se mudar. As dívidas serão quitadas e a bolada em dinheiro dividida entre seus filhos. Eles deveriam estar satisfeitos. Pelo jeito, não estavam.

No dia da ceia de Natal, Luciene caprichou em tudo. Fez torta de nozes, tão fofa que desmancha saborosa na boca, lombo assado recheado com ameixas, arroz e farofa com frutas cristalizadas, preparou uma salada com cubinhos de maçã, presunto defumado, geleia de amoras e raspinhas de limão siciliano. Colocou três lugares bem arrumados na mesa. Seriam Nana, Judite e Ana. Lu não estava acreditando. Nem Clara nem nenhum outro filho estariam presentes. *Ingratos!* Foi se despedir para ir ficar com os seus. Pegou um pequeno embrulho e colocou na palma da mão trêmula de Nana, que sorriu encantada com a gentileza, pediu: *Abre para mim?* Lu abriu o presente e mostrou um pingente em forma de coração com uma pedrinha de strass no meio, e disse: *A senhora merece todo o meu amor.* De mãos dadas, sorriam. *Feliz Natal!* Com o coração partido, Luciene saiu do quarto, procurando o celular. *Vou ligar pra todos!*

A ceia foi tranquila, as três conversaram sobre as belezas da fazenda, lembraram e riram dos causos, trocaram presentes. Confidenciaram histórias de vida. Elas estavam se aproximando, fortalecendo os laços. As colocações de Nana, sua sabedoria e lucidez apontavam caminhos para cada uma encontrar paz na própria história. Quem estava cuidando de quem?

Perto da meia noite, Nana pediu para rezarem o terço. Dite se levantou, foi até a mesa dos santos, pegou três terços, entregou um a cada uma. Ana ficou incomodada, não conseguiu esconder. Percebendo a situação, Nana delicadamente falou: *Dite, você sabe que o terço relembra toda a vida de Jesus?*

— *Sei sim, em cada conta do Pai Nosso, contemplamos os mistérios da vida de Jesus, desde o nascimento até a ressurreição.* — Respondeu olhando para Ana — *As continhas menores são as Ave Marias, saudação à Maria de Nazaré, mãe do Senhor, conforme consta nas escrituras. A oração do terço é um resumo do Novo Testamento. Uma verdadeira adoração.*

— *É isso mesmo, Dite. É uma oração contemplativa e de adoração. Repetitiva e longa. Nessas continhas que mergulho, falam do amor de Deus por nós.* — Fez uma pausa, com mansidão continuou — *Ana, por favor avalie melhor os seus sentimentos sobre minha religião.* (Ana não se movia) *Eu nunca vou te pedir que negue suas crenças. Mas, entenda, hoje eu dependo de vocês para me alimentar, ir ao banheiro, tomar banho... Só me restam a minha fé, minha alma e graças a Deus, ainda estou lúcida, consigo me expressar.*

— Desculpe, Dona Nana, eu aprendi que só devo adorar a Jesus.

— Jesus, que é puro amor? Que no pior momento de seu sofrimento nos deu sua mãe para ser a nossa mãe?

— Sim, mas...

— Ana, eu estou precisando muito de amor, de compaixão... Acho que perdi toda a minha família...

Judite interrompe:

— Não diga isso. Eu conheço todos os seus filhos, são boas pessoas, logo vão pensar melhor e se arrepender.

— É o que eu espero. — suspirou — Quando decidi fazer o que fiz, pensei que dividindo e dando em vida a minha herança, acabariam os problemas. Já estou no meu limite. — fala com a voz embargada — Eu não vou suportar abrir mão da minha fé, não posso abrir mão de mim mesma. É só o que me resta, é tudo o que eu tenho. Por isso, Ana, se você não puder me ajudar a cuidar da minha fé, se todas as vezes que eu for fazer as minhas orações você se afastar de mim, você não vai poder ir morar comigo na fazenda.

— Senhora, eu não sei o que dizer...

— Não precisa dizer nada. Você só precisa entender, eu não vou me converter à sua religião, e você está em minha casa. Eu não espero que você se converta à minha religião. Acredito, Deus é um só e nos ama, independente de religião.

Judite interrompe novamente sugerindo:

— Que tal a gente começar a rezar? Já vai dar meia-noite... Ana, você pode ir lavando a louça, enquanto isso.

Ana levantou e começou a recolher os pratos da mesa, Dite e Nana começaram a dedilhar as orações.

2020

Um ano se passou depois da difícil reunião, tendo sido cumpridas todas as minhas determinações e morando na Bonança. Esperei pela volta de meus filhos, por telefonemas, por visitas... Nada. O que eles estariam fazendo ou pensando? Acomodo minhas inquietações por cada um, com certa tranquilidade. Apenas Clara me preocupa. Minha Clarinha querida, confusa, filha tão dependente de amor e cuidados... acho que minha netinha já está dando seus primeiros passinhos, isso me traz alegria. Me pergunto se fui injusta com ela. Se deveria ter lhe feito alguma deferência, em nome da sua dedicação por mim, mas descanso no ponto em que ela precisava viver a própria vida, me deixar cumprir a minha sina. Sou um fardo pesado demais. Minha filha estava se afogando nas águas da minha tormenta. Parou de avançar profissionalmente e seu casamento estava ruindo. Tudo o que eu estava passando lhe afetava profundamente. Suas feições de cansaço e pesar eram reflexos das minhas dores. Ela só contava com meu colo. Sustentar por anos todo esse peso requer bons alicerces e rede de apoio. Clara foi quem esteve mais perto de mim, presente em todos os momentos, lendo as bulas dos remédios, pesquisando obcecada sobre aquela doença e seus tratamentos, discutindo com seus irmãos e perdendo a razão, por perder o controle.

Lembro do dia em que expulsou aos berros a massagista que insistia em usar uma "britadeira" em mim. *Você não vai mais usar esse aparelho nos joelhos de minha mãe! Ela já pediu, não insista! Ela não* tem mais mobilidade, nem cartilagens! Fora daqui, incompetente! E a sujeitinha partiu se sentindo ofendida. Clara completou seu discurso dizendo: *Mãe, pelo amor de Deus! Você iria deixar ela usar novamente aquilo em você? Quantas vezes a senhora me disse que suas dores pioram?* Tentei argumentar, *Filha, eu estava dizendo que não queria mais, ela é insistente, foi muito bem recomendada pela médica...* Clara interrompeu: *Que recomendada o quê! Minha mãe, a senhora é tão inteligente, mas se submete a umas coisas! Pelo amor de Deus!* E saiu bufando pela casa. Que saudade do meu tsunami!

O amor e o cuidado de todos, cada um ao seu modo e apesar dos pesares, são verdades incontestáveis. Por isso, eu esperava mais. Essa família foi sonhada. Cada filho foi muito desejado. Eles foram chegando com pequenas diferenças de idade entre eles. Só respeitando o tempo do resguardo...

(Os pensamentos de Eliana vão longe, enquanto ela contempla as pastagens da fazenda.)

Tiago, nosso primogênito, tinha certeza que era profundamente amado. Seus passos ao caminhar, sua postura, a confiança que ele demonstrava em si mesmo e em nós... Meu filho era uma criança feliz. Ele tinha três aninhos quando soubemos que outra criança estava a caminho, decidimos que ela, ou ele, seria amada desde a promessa de vida que era, desde sementinha. Conversamos com Tiago, ele exultou. Teria, enfim, um irmão para brincar.

Pode ser uma irmãzinha, meu filho — Disse Antônio. *Uma menina?* — Perguntou com olhinhos cheios de curiosidade. Antônio respondeu: *Sim, meu filho, uma menina como a mamãe.* Cheio de felicidade, olhinhos grudados em nós, senti meu pequeno vibrar, *Uma menina como a mamãe?!* Rimos juntos. Soubemos que tudo ficaria bem. Tivemos esses cuidados nas outras cinco vezes que engravidamos. Nos reuníamos e anunciávamos que viria mais um bebezinho.

De asinha quebrada

Colocávamos todos os irmãos para participarem da chegada da nova promessa de amor. Pintamos cabides para as roupinhas do novo bebê, com joaninhas, passarinhos e flores. Colocamos o enxoval para lavar, depois arrumamos as gavetinhas... Algumas vezes nem precisava montar o berço, bastava dar uma cama nova para o filho que não iria mais precisar do berço, já estava sabidinho, podia dormir na cama de criança, não era mais um bebê... Encontro felicidade nessas lembranças e continuo viajando no tempo. Ah, a trilha sonora da minha vida foram as canções de ninar. Eu cantava basicamente um mesmo repertório, do mesmo jeito que fiz desde o momento em que soube que seria mãe pela primeira vez. Era meu mantra amoroso que fluía por mim.

Se essa rua, se essa rua fosse minha, eu mandava, eu mandava ladrilhar, com pedrinhas, com pedrinhas de brilhante, só pra ver, só pra ver você passar [...] No alto daquele morro, no alto daquele morro, estão me chamando assim Mariquinha, tão me chamando assim Mariquinha, é uma garota, é uma garota, desse tamanho assim Mariquinha, desse tamanho assim Mariquinha [...] Fui no Tororó beber água não achei, encontrei bela morena que no Tororó deixei, aproveita minha gente, que a noite não é nada, quem não dormir agora, dormirá de madrugada, oh Mariazinha, oh Mariazinha, entrará na roda ou ficará sozinha, sozinha eu não fico, nem hei de ficar, pois eu tenho minha mãezinha para ser meu par [...] O cravo brigou com a rosa, debaixo de uma sacada, o cravo saiu ferido e a rosa despedaçada, o cravo ficou doente, a rosa foi visitar, o cravo teve um desmaio e a rosa pôs-se a chorar [...] Oh jardineira por que estás tão triste, mas o que foi que te aconteceu? Foi a camélia que caiu do galho, deu dois suspiros e depois morreu, foi a camélia que caiu do galho, deu dois suspiros e depois morreu [...] Sabiá lá na gaiola fez um buraquinho, voou, voou, voou, voou e a menina que gostava tanto do bichinho chorou, chorou, chorou, chorou, sabiá fugiu do terreiro, foi cantar lá no abacateiro, a menina vive a chorar, vem cá sabiá, vem cá.

Muitas vezes, antes de terminar o repertório, estavam todos dormindo. Eu fui muito feliz. Antônio e eu fomos um casal lindo. Ele não escondeu que desejava que seu primeiro filho fosse um menino, *Mas o importante é que venha com saúde*, ele sempre arrematava. E veio seu filho sonhado, incrivelmente abençoado, permitindo que meu esposo resgatasse o menino que um dia ele foi, como se ao abraçar Tiago, ele abraçasse a si mesmo.

Foram anos incríveis, aprendemos a ser pais, enquanto vivemos o auge da prosperidade. Consigo ver a linda capa do livro *A vida do bebê* de Dr. Rinaldo De Lamare, que muitas vezes me inspirou e me livrou de apertos. Por causa dele, nunca acordei meus filhos para se alimentarem, respeitando o soninho e aproveitando também para descansar. Entendi que cada filho tem um tempo para se desenvolver. Lições preciosas do doutor.

Percebi que vivia o auge do meu amor materno quando em uma dessas noites do passado, os meus sete filhos estavam aninhados na minha cama de casal, uma cama de jacarandá, feita por encomenda para nós. Tiago já estava com uns 12 anos, eu dava o peito à minha caçula e todos os outros cinco estavam grudadinhos, um deles me pediu para cantar as músicas de ninar. O quarto estava escuro, tinha faltado luz, só as velas da mesa dos santos clareavam nossa noite. A penumbra deixou tudo especial. Aquele pedaço da minha vida, a plenitude do amor entre nós, quase podia ser tocado. Se tivéssemos fotografado, o amor estaria ali materializado.

Volto dos meus pensamentos, quando Nalva chega na varanda, segurando uma bandeja com os remédios, chá, e o terço para as orações das 18h. Com doçura, Nalva me sorri, faço um gesto pedindo-lhe que se sente ao meu lado. Antes de se sentar, ela ajeita a echarpe nos meus ombros e põe a medicação em minha boca. Era um lar, formado por pessoas queridas, que nasceram naquelas terras e por novas pessoas que o destino parecia ter unido naquele espaço, naquele momento. Lá estavam morando mulheres de boa vontade e de bom coração."

Elas tomaram a melhor decisão de suas vidas ao aceitarem morar na fazenda, todas estariam muito sofridas se não tivessem aceitado o convite. Ninguém poderia prever o que o mundo passaria naquele ano. Pandemia?! Lockdown?! Caos! Logo depois da mudança para a fazenda, no terceiro mês do ano de 2020, fomos poupadas do medo que chegou a Salvador. Passado o carnaval, as mídias já anunciavam casos de pessoas infectadas na cidade, por um vírus terrível e mortal, que se espalhava rápido, provocando uma doença que não tinha tratamento. Países já contabilizavam um número assombroso de mortos. As cenas de terror veiculadas pelas mídias, corpos empilhados, covas sendo abertas, famílias inteiras morrendo, enterros sem despedida, ruas desertas, agonia da solidão, desemprego... desespero. O que teria sido da vida de cada uma se a Bonança não estivesse em nossos destinos? Lá foi um refúgio!

Mesmo com a mão de obra reduzida por causa da queda na produção de cacau, foi decidido e cumprido que ninguém sairia ou entraria na propriedade, sem obedecer a todo o protocolo de segurança ditado pelo médico da família. E não havia mesmo nenhuma necessidade urgente de sair de lá. A fazenda é autossuficiente, produz leite, ovos, carnes de boi, frango e peixe, além de legumes, hortaliças e frutas, o suficiente para todos, como sempre foi. Nossos antepassados deixaram tudo pronto, gado no pasto, pomar e horta. Antônio nos deixou um tesouro muito maior que um milhão de cacaueiros produzindo, quando fez a represa — reserva de boa água e piscicultura.

Nalva sempre soube, morava num paraíso. Sua bela casa avizinhada da sede, com uma fachada azul, porta e janela brancas, um canteiro de rosas e a cheirosa dama da noite plantados na entrada, já no quintal ela cultiva uma pequena plantação das ervas para temperar suas receitas. Ao entrar em seu lar, se vê o chão de cimento queimado, um sofá pequeno e a mesinha com a televisão. Pé direito alto e as paredes do quarto que não chegam ao teto, um corredor que dá acesso a dois cômodos, o primeiro é seu, onde fica um guarda roupas antigo e sua cama com travesseiros recheados com melissa ou alecrim e manta quentinha. No segundo quarto uma cama de solteiro, escrivaninha e máquina de costurar, esse voltou a ser o quarto de Dri. O reencontro de mãe e filha foi a coisa mais linda de testemunhar, avental amarrado na cintura, lenço na cabeça, lágrimas e abraços apertados, foi lá no final do corredor, onde fica a cozinha de sua pequena casa. Todas as casas dos trabalhadores eram iguais, mas nenhuma como a de Nalva.

Olho com ternura para aquela paisagem encantada. Passo minha mão trêmula nos meus cadernos sobre a mesa. Neles guardo as histórias de luto e saudades dos meus amados. Depois de algum tempo, intitulei alguns dos cadernos como "Diário de uma paciente de Parkinson — 2010, 2014...". Escrevi, para alinhar meus sentimentos e pensamentos.

Aprendi que precisava de alguém comigo o tempo todo, quando uma vez fui me preparar para dormir e fiquei entalada em minha própria blusa, sufocando, em pânico. Passei a noite deitada no sofá da sala, esperando o dia nascer e chegar alguém. Desabafei em textos, enquanto ainda conseguia escrever, a minha indignação e revolta, que magoaram muito o meu coração pela decepção que tive na lida com algumas mulheres que vieram cuidar de mim. Flagrantes de furtos repetidos registrados pelas câmeras instaladas em casa me decepcionaram muito. Me espantei com as imagens gravadas que não podiam ser usadas em nenhum tribunal, mas revelavam o cinismo, a falsidade, o que de fato queriam e como lidavam comigo. Quem eram, afinal? Desaparecia a moça boazinha e solícita que se colocava totalmente confiável e atenta a mim, surgia um espectro de ser humano sem qualquer escrúpulo. Eu nunca quis apurar essas tristes histórias, chamar a polícia e expor essas mulheres. O que justificaria aquilo? Senti raiva, vergonha e um estranho constrangimento pela realidade que se descortinava. As demitia imediatamente e colocava a sujeira embaixo do tapete. Elas levavam de tudo, mantimentos, fraldas, roupas, material de limpeza, dinheiro da minha bolsa, minhas joias. Foi uma época que fiquei abalada, lidando com tantas coisas, sem certeza do que se passava ao meu redor... Precisei ser mais do que forte.

    Antes de Clara ir morar comigo, vivi grandes provas. Atormentada pela solidão, insegurança e total ausência de família, caminhei por uma desconhecida estrada de trevas, enquanto perdia a minha autonomia nas tarefas básicas do dia a dia como me alimentar e ir ao banheiro. Não queria mais falar ao telefone, nem receber visitas. As reações das pessoas ao ouvirem a minha voz, verem minha fisionomia congelada e os tremores, me impactavam. A beleza havia me deixado. A vida que eu conhecia se esvaía. Me questionei inúmeras vezes sobre a ausência de tantos filhos, morando na mesma cidade que eu, netos crescidos, mas a enorme mesa da sala permanecia linda, imponente, rodeada por cadeiras vazias.

    Precisava encontrar cuidadoras em quem pudesse confiar, que se tornassem parte de mim, como uma família. Família? Onde está a minha? Agora, da varanda da minha fazenda, olhando através desse pedacinho do céu, não temo voltar nas memórias. Foram tantas coisas. O relógio do tempo só trouxe novas perdas. Meus cheiros mudaram, não sei se pela doença, alterações hormonais, ou pelos remédios. Meus dentes escureceram e me vi por dias sem conseguir ir ao banheiro, com incômodo, dores, numa tortura lenta, física e emocional... tudo em mim piorou. Precisei de muitas adaptações, vivi muitos dissabores. Parei de me olhar no espelho. Quem era aquela mulher tão triste, tão só, com cabelos desalinhados, boca semiaberta, saliva escorrendo, inchada, disforme? Ela me assustava muito. Gritei com ela, xinguei, mandei ir embora, mas ela se segurou nas minhas pernas, cravou suas unhas em mim, berrando de volta, não vou embora! Precisei aguentar aquela pessoa, me acostumar com ela.

Comecei a aceitá-la, confortá-la, enxugar suas lágrimas, e a convencê-la de que havia um plano divino para aquilo tudo, porque Deus é bom o tempo todo. Dialogamos por incontáveis horas, tínhamos todo tempo, estávamos acorrentadas uma à outra. Nessas conversas ela retrucava incrédula, com argumentos inteligentes, bem fundamentados, me deixando sem palavras e sem consolo para toda aquela minha deterioração. Finalizamos muitas discussões com ela me deixando muda e muito abalada.

No instante seguinte, de posse de toda a minha história, de tudo o que vivi, retomava o ponto da conversa em que havia sido derrotada, municiada com luzes misteriosas, novos argumentos iam saindo da minha boca transmutando os sentimentos e as energias. Passo a passo, fomos tecendo uma rede suportável de paz e acolhimento entre nós duas. Eu e eu mesma.

Nalva me chama para o momento presente. Põe o terço em minhas mãos, apenas para que eu o segure. Inicia o credo "Creio em Deus Pai todo poderoso..." Interrompe, fica em pé, fala:

— Oxe... Oxe... Que carros são esses vindo pela estrada? — Sente o celular vibrar no bolso do avental, olha para a tela, volta-se feliz e emocionada para mim.

Sinto na alma que algo muito bom estava chegando para minha vida. Sorrio com o coração disparado, começo a ver Antônio e Tiago ao meu lado. Me levanto, abraço os dois e saímos dali.

Carta encontrada nos cadernos de Nana:

Fazenda Bonança, 09 de Março de 2020

    Para alguns de nós, a vida se revela como uma longa estrada sombria. Nessa jornada, muitas vezes, nos vemos sozinhos em nossas dores. Quando nossas forças parecem estar chegando ao fim, parece que um anjo nos traz um ser humano falível como nós, que de muitas formas também atravessa suas tempestades. Ao nos dar a mão, essa pessoa também pode e precisa receber a nossa mão, mesmo exausta, mesmo fragilizada. Sempre pode haver a chance de nós oferecermos um sorriso, uma gentileza, uma palavra amiga, ao menos os nossos ouvidos para também escutar esse outro.

    Eu sei, o que aconteceu na minha história, se repete em muitas outras histórias. Ouvi muitos relatos parecidos com o meu, de famílias que adoeceram junto com seus entes queridos e se partiram para sempre deixando marcas profundas em suas almas. Famílias que esquecem desses entes nas casas de acolhimento, nos asilos, nos abrigos... Extremos que eu não consigo entender, que me fazem acreditar que a minha dor, imensa como eu senti... não foi assim tão profunda. Talvez, eu não possa opinar nessas situações, já que ironicamente posso ser considerada uma pessoa privilegiada. Mesmo assim, vou ousar em dizer que é possível caminhar pelo vale da sombra e da morte, com alguma dignidade e com um punhado de raros e bons momentos. Sempre poderá acontecer de um passarinho aparecer ou uma pequena borboleta pousar em nossa janela... A oportunidade de ouvir uma música que nos alegre e leve para um recorte doce da nossa vida. Sempre vai existir a chance da cuidadora ser em essência, uma brisa suave que nos conforta.

Hoje, eu escrevo para agradecer às minhas cuidadoras. Só não encontro palavras para expressar a importância de cada uma. Vocês me ajudaram a tolerar o desespero insuportável dos meus dias, a dissipar as intermináveis horas em que meu coração esteve inundado pela sensação terrível de abandono e a chegar até aqui, quando me vejo agradecida, contemplando o céu imenso sobre as cabeças de todas nós.

Não penso em nossa despedida, pois vou levar cada uma comigo por onde eu for, como fiz com Antônio e Thiago, e agora faço com meus filhos que tanto amo, mesmo estando tão distantes de mim. O que posso dizer é que do meu coração vai sempre fluir gratidão e bem querer para vocês. Espero que esse sentimento seja luz em suas caminhadas.

Com todo o meu amor,

Nana

O presente livro, passou a fazer parte de uma proposta inovadora aqui oferecida, para ser realizada com pessoas que se identificam com as histórias aqui contadas.

Na verdade, a proposta é um convite para que a pessoa que cuida de alguém, ofereça-se para fazer a leitura do livro em conjunto, bem como as atividades que seguem. Lembrando que o convite somente deve ser aceito se os profissionais que acompanham a pessoa cuidada, acreditem que ela pode participar dessa dinâmica. Essa preocupação faz parte do desejo de que a experiência seja benéfica.

Proposta de atividades para serem feitas e vivenciadas entre as pessoas que cuidam e as pessoas que são cuidadas - Anjos com uma só asa.

Essas páginas são destinadas especialmente às pessoas que cuidam de pessoas, aos idosos e seus familiares. Que ao realizarem as atividades aqui propostas, seja possível a cada um, criar e também acessar memórias felizes, sentir paz e gratidão.

Primeira atividade: Coloque uma música que te traga bons sentimentos, uma música que você escutou durante sua adolescência ou infância, ou mesmo na vida adulta. Ouça essa música algumas vezes. Depois, faça o registro escrito do que se pede:

Data: ___/___/_____ Lugar: _____

Nomes: _____ e _____

Relato da pessoa que está recebendo seus cuidados:

1º Escreva a parte da letra da música que mais te emociona

2º Conte as razões que fazem com que você goste dessa música:

Relato da pessoa que cuida:

1º Escreva a parte da letra da música que mais te emociona

_____
_____
_____
_____
_____
_____

2º Conte as razões que fazem com que você goste dessa música:

_____
_____
_____
_____
_____
_____

3º Agora é o momento em que a pessoa que cuida e a pessoa que está recebendo cuidados, juntas, ouçam algumas músicas e escolham a primeira música para ser parte da trilha sonora dessa relação. Que esse momento permita a celebração dessa amizade! Faça o registro do nome da música e também de partes da letra:

_____
_____
_____
_____
_____
_____
_____

Vocês podem criar uma "playlist" e se divertirem enquanto constroem novas memórias.

_____
_____
_____
_____
_____

Data: ___/___/_____ Lugar: _____

Nomes: _____ e _____

Segunda atividade: Conversem sobre as brincadeiras e jogos que praticavam na infância. Como aconteciam e em que lugares? Depois de conversarem sobre isso, que tal, brincarem juntos? Caso seja possível, passem algum tempo brincando.

Em seguida, se for possível, usem o espaço abaixo para fazer o jogo de adivinhação de palavras. Lembram desse jogo?

Um dos participantes escolhe uma palavra mentalmente e coloca no papel tracinhos com a quantidade das letras que formam essa palavra. O outro participante não sabe qual foi a palavra escolhida, só vê os tracinhos e recebe uma dica para tentar adivinhar a palavra arriscando acertar as letras que formam essa palavra. Acontece, que quando a letra escolhida não pertence a palavra que deve ser formada, cada letra errada vai formando uma parte de um bonequinho de "palito" que ao estar todo formado, representa o fim das chances de adivinhar.

Os participantes ganham pontos quando conseguem adivinhar a palavra antes do bonequinho de palito estar completo. Se vocês conhecem essa brincadeira de outro jeito, façam a vivência da maneira que preferirem. Essa atividade sugerida , na verdade, pede apenas que seja feita uma foto desse momento de interação, para ser adicionada no espaço abaixo:

Desafie o outro adivinhar a palavra que preenche os tracinhos:	(Cole aqui a foto de vocês)
_ _ _ _ _ _ _ _	
Dica: Um dia, foi uma lagarta	